いま、図書館に求められるもの　フェリス女学院大学の挑戦1

はじめに

知識を得るためのツールがインターネットに大きく依存するようになった現在、「本」を読むことの意味が改めて問い直されてきている。従来、文部科学省は大学における読書推進について、読むべき本のリストづくりを進めてきた。東京大学や広島大学などがそれにこたえてリストを作成し、出版もされている。しかし、わたしたちはそのような読むべき本のリスト作成だけでは充分でないと考えた。教員が教養主義的に読むべき本を列挙しても、いまの学生が動くわけではない。いくらいい本を選んでも、学生同士が刺激しあうことなしに読書の習慣は育っていかない。新しい図書館誕生に合わせてその「しかけ」そのものを考えていきたいと思ったのである。

フェリス女学院大学の図書館が独自に読書運動を始めてから七年の月日がたった。容易でない試みだったし、試行錯誤に満ちた歩みだったと思う。学生の読書率を数字的に上げるだけならば、授業の場などを通じて強制し、無理強いする教育もありえたかもしれないが、フェリスはそのような方法は採らなかった。あくまで自発的な読みにこだわって、意欲を開発し、刺激する場づくりに賭けたのである。無理やり上から読ませるのではなく、自発的な読みはどのように育つのか。学生が相互的に刺激しあう読書の場はどのように作られるのか、考え続け、アイディアを試し、実験し続けた、文字通り「読書の種を播く」七年間であった。

読書という受信に留まらず、さらに得たものを発信し、繋げていくためには何が必要か。循環し、連鎖する読書システムをどのように構築するかをめぐって、わたしたちフェリス女学院大学の挑戦はこのように始まり、続けられた。

そのよろめくような歩みそのものが、この「読書崩壊」の時代に拮抗し、戦い続ける歩みだったと思う。逆風の中での読書運動であったことが、推進しようとするわたしたちに切実な責任感と自負を生み出した。大変ではあったけれど、充実した七年間だった。つらかったけれど、やりがいのある仕事、運動だったと思う。

うまくいったことも、いかなかったことも含め、こうして公表することで、読書を考えるきっかけとしていただければさいわいです。

（附属図書館長　三田村雅子）

フェリス女学院大学と読書運動

フェリス女学院は一八七〇年、キリスト教精神に基づく日本最初の女子教育機関として、横浜に創立されました。

私どもの学院は教育目標として“For Others”（他者のために、他者とともに）を掲げています。この言葉は、新約聖書「フィリピの信徒への手紙」にパウロが記しているもので、「愛と配慮を、単に自分や自分の家族・友人、あるいは自国だけに向けるのではなく、見知らぬ他者、異なった文化と歴史をもっている民族と国家にも向けなければならないこと」を意味しています。

大学の開設は一九六五年で、現在文学部、国際交流学部、音楽学部の合計約二六〇〇人が、横浜の山手と緑園都市のキャンパスで学んでいます。

緑園キャンパスに図書館が新築オープンしたのを契機に、二〇〇二年度に発足した「読書運動プロジェクト」は、読書の種を蒔きながら大きく成長してきました。

大学でなぜ読書なのか、私たちの図書館では次のように考えました。

現代のＩＴ技術のめざましい進展によって、知識獲得にさまざまな媒体が開発された結果、簡単・迅速に、受け身で断片的な知識を獲得すればそれでよいとする風潮が強まっています。こうした風潮の中で、若者は、持続力と指向性を持たなければ読めない「本」の世界を離れつつあり、「読書習慣」そのものが崩れようとしています。持続的な思考、一貫性のある思考、複雑な思考はほかのメディアでは置き換え不可能な「本」を読むことによってのみ開発されるものでしょう。

さらに「本」の世界は現実の世界と違ったもう一つの世界で、その世界で私たちは自分を振り返り、時には他者の立場に立ち、他者の思いを自分の思いとすることができます。「本」はそういったロールプレイを含む複眼的な思考を促す世界であり、多元的な価値観の世界を提供するものでもあるのです。これは、本学のモットーである“For Others”の精神を生かす基礎となるものです。他者の痛みがわかる人間を育むためにも、持続的な読書の必要性は現代において増しているといえるでしょう。思考能力や感受性、おもいやりを伸ばしていく時期は十代から二十代初めの人格形成期であることを考えると、大学生の時期こそ、

「本」に出会う最後のチャンスです。

　私たちはそうした「読書の危機」をいち早く感じ取り、読書運動を図書館発の全学的な試みとして始めました。特徴的な手法は、一般にみられる推薦図書のリストアップや読書会にとどまらず、テーマとなる「一冊の本」を選び、さまざまな角度から切り出した視点でイベントを行い、そのことを幅広い読書への動機づけとしていることです。講演会、読書会、展示会、音楽会、朗読会、創作などあらゆる手段で読書への意欲を刺激し、共通の話題とし、読書の習慣を育て、さらには自ら表現することへも発展させようという取り組みです。近年では自治体の読書フェスティバルへの参加や、他大学の活動との交流など、学外とも連携するようになりました。

　学生有志のプロジェクトメンバーが運営の中心になっていることは、学内の運動の浸透を高めてきました。そして、読書という内面的な行為に基づく表現行動に新境地を開き、読書運動の企画による朗読、読み聞かせ、創作などにより新たな能力が引き出された学生たちも現れています。

　フェリス女学院大学附属図書館は、学習支援のみならず、読書を通じて学生の内面の成長をも支援する図書館です。この運動によって学生たちが読書に目覚め、それが生涯の心の糧になることを願っています。

（附属図書館事務室長　加藤庸子）

目次

いま、図書館に求められるもの

本書は、二〇〇八年度フェリス女学院大学の助成をうけて刊行された。

尚、本文は三田村雅子附属図書館長のインタビューをもとに、図書館職員鈴木明子が書き起こしたものである。

二〇〇一年、はじまりのはじまり　二〇〇一年一一月二〇日

読書運動プロジェクトが始まったのは、二〇〇一年一一月二〇日、その年度の三回目の図書館運営委員会でした。運営委員の一人でキリスト教学が専門の梅本直人先生が、シカゴ市の図書館の読書運動について紹介され、「本学でも図書館を中心に大学レベルで一つの書物を手がかりとした多角的なプロジェクトを展開してはどうか」という提案がなされたのです。

同年五月に本学の図書館本館が落成しました。非常に立派な施設です。本学では一九八八年より大学の機能を中区山手町から泉区緑園（相鉄いずみ野線沿線）に一部移転しておりましたが、図書館が建ったことによりやっとキャンパスとしてのかたちが整いました。

それまでは、小さな図書室のようでしかなかった図書館が大きくて居心地のいい空間になったので、たくさんの学生が利用するようになりました。そこで、「設備も整い、利用率も上がった今、何か中身のある運動をしよう」というのが梅本先生のご提案でした。「現代において一番求められているのは、どうやって読書を推めていくか、読書に対する環境をいかに整備していくかだと思う」とシカゴ市の運動についての新聞記事を取り上げて、事例

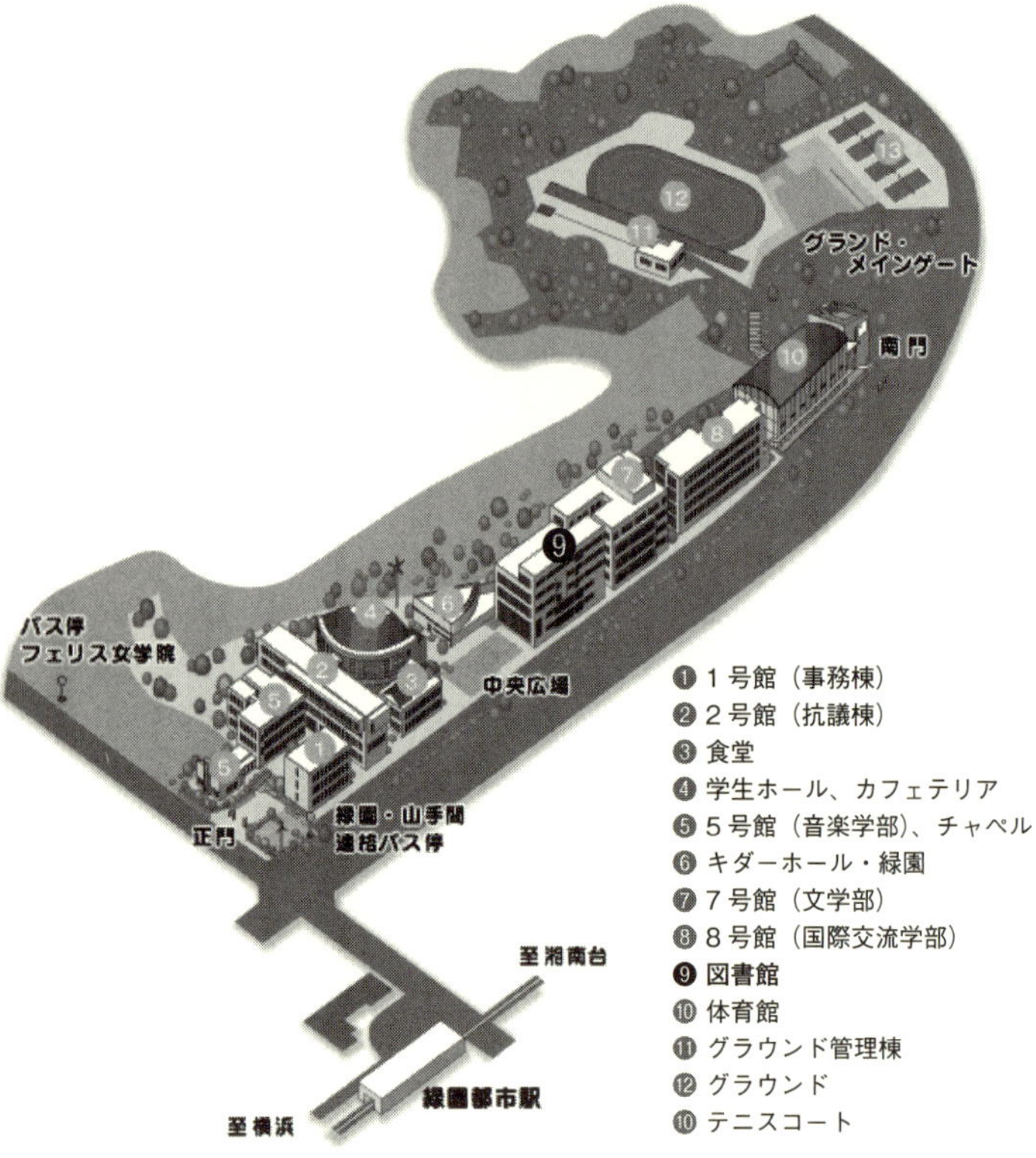

図１　フェリス女学院大学　緑園キャンパス　案内図

図２　図書館外観　(撮影　小川泰祐)

を紹介されました。多民族都市シカゴは、黒人は黒人、白人は白人、移民は移民で出身国ごとにまとまり、それぞれが街を形成していました。読書運動は、公共図書館が共通の一冊の本を取り上げ、読書体験を共有することにより、一つの都市としてのまとまりをつけていこうというものでした。

フェリス女学院大学はシカゴ市とはちがい同質的な集団ですが、本拠地は長いこと山手にあり、三、四年生が山手、一、二年生が緑園と分断されていたので、どうしても大学としてのまとまりが弱かったのです。緑園キャンパスに図書館ができたのを機に、各学部の壁を越えて連携し、一つの大学としての意識を持つためにも、皆でこのことに取り組んでみようという趣旨でした。

大学図書館が大学生と一緒にできること

図書館運営委員会というのは、各学部から二名、それから大学院の各研究科から一名ずつ専任教員が集まりまして、さらに図書館長、事務部長と図書館事務室長によって構成されています。普段は選書や予算配分の話を中心に、ある意味のんびりとした委員会でしたが、その時の梅本先生の提案は、火を噴くような、激しく情熱的な話でした。

それを聞き、事務部長や各学部の教員も皆、大変乗り気になり連携してやっていこうということになりました。特に音楽学部においては、他学部から孤立しがちだったが、学部の真価を発揮できるいい機会だという積極的な意見も出ました。

年間の課題図書として「フェリスの一冊の本」を選定し、読書会や講演会、論文コンクール、テーマに関連する音楽会などの企画が出されました。これらは、それが目的ではありませんが、大学のプラス評価にもつながることです。こうして発案者の梅本先生を中心に各学部に中心となる委員を置き、アイデアを募りながら具体化していくことになり、文学部は私(三田村)、国際交流学部が筧雅博さん、音楽学部は作曲家の三宅榛名さんが選ばれました。皆興奮していました。大変なことになったと言いながら、どの方もとてもうれしそうな顔をしていました。これは、やりたくてしかたがないことでもあり、しかしうまくいきそうもないと、はじめる決心のつかないことでもあったのです。梅本先生がこうして言いだしてくださったことを天啓みたいに受け止めて、及ばずとも全力をつくそうと、私はその時決意を固めました。

その後、翌年二月に、具体的な運動方針が提案されました。次の通りです。

一つ、「図書館を中心とした全学的な運動であり図書館が主体性を持つ」

二つ、「学生の読書推進を第一の目的とする」

三つ、「教職員が協力して学生とともに活動していく」

四つ、「年度ごとに課題図書とテーマを決め、読書会を核とした多角的な企画を行う」

五つ、「継続的な実施」

六つ、「テーマの専門分野のアドバイザーを嘱託する」

そして七番目、運動を進めていくための補助金の申請です。

では何をするか。運営委員会のメンバーがそれぞれ本を持ち寄り検討し、時事問題に関連した『アフガニスタンの仏像は破壊されたのではない　恥辱のあまり崩れ落ちたのだ』をとりあげることになりました。先ほどのアドバイザーを委嘱するというのは、アフガニスタンについての専門家が必要であるという意見が出たためです。

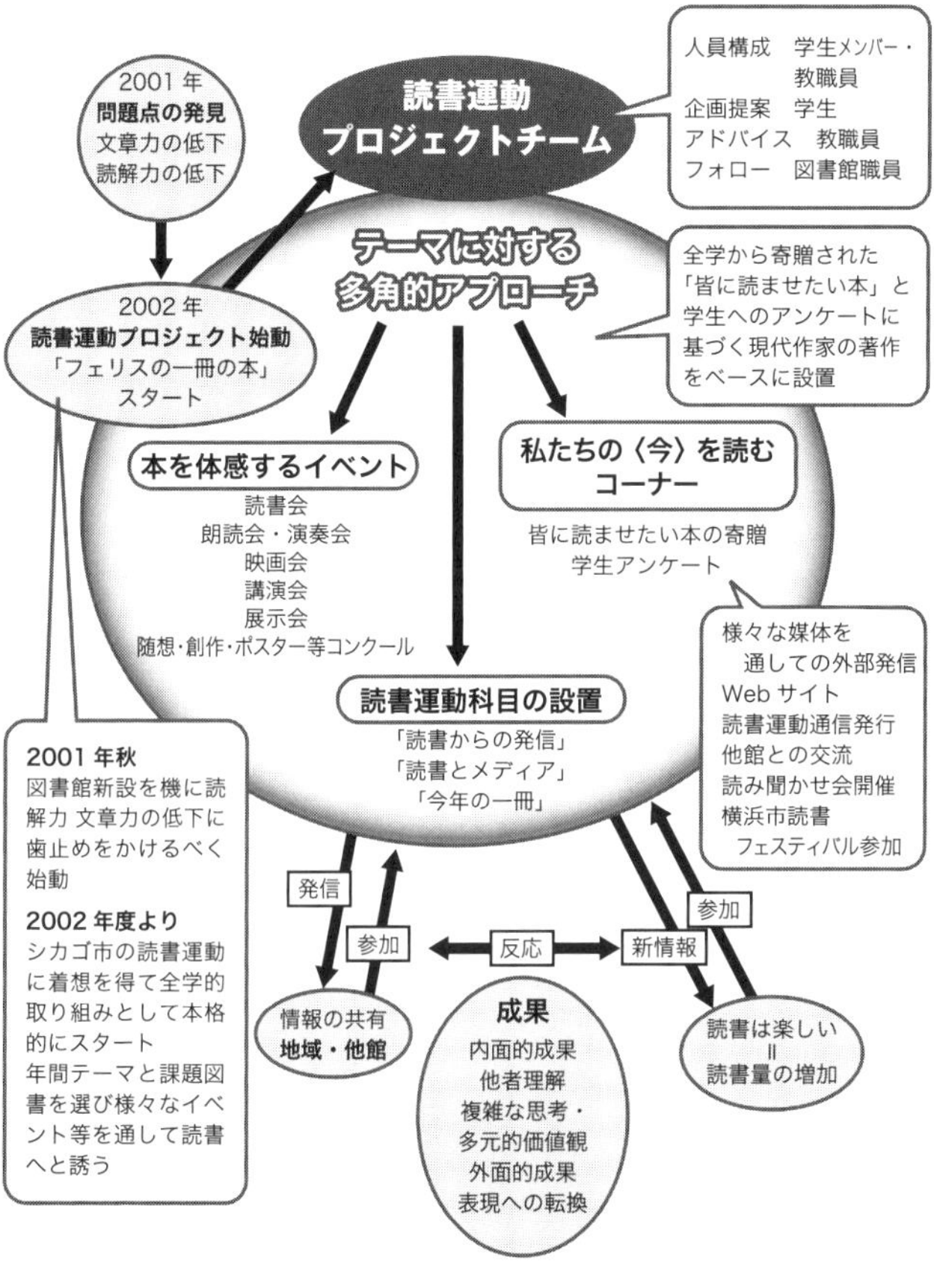

図3　読書運動プロジェクトチームの構成（2008年度現在）

二〇〇二年度『アフガニスタンの仏像は破壊されたのではない　恥辱のあまり崩れ落ちたのだ』を読む

二〇〇一年九月一一日にアメリカ同時多発テロがありましたが、マフマルバフ氏の著書が日本で発行されたのはアメリカによるアフガニスタン空爆が開始されたころで、テロに対するいらだちが高まっている時期でした。タリバンとは、バーミヤンの大仏を破壊してしまうような、野蛮で狂信的な人間たちで、彼らが諸悪の根源であるという風潮の中、この本は一八〇度別の見方を示していました。タリバンのメンバーは真面目で素朴で勉強熱心な人々であること、アフガニスタンという国が世界の中でどんなふうに追い込まれていっているのかということ、そんな状況の中で一人一人がどう考えているかということが実に公平に書かれていました。日本で出版された直後に朝日新聞の「天声人語」(二〇〇一年一〇月一〇日付け)でもこの本が取り上げられています。アフガニスタンについて世界の人々はなんら知らないということが、このテロを助長していく理由になっているという内容ですが、文章は非常に詩的で喚起力に富んでいます。作者のモフセン・マフマルバフ氏は高名な映画監督

図４　『アフガニスタンの仏像は破壊されたのではない、恥辱のあまり崩れ落ちたのだ』書影

でもありますが、文学者としても全集が出るくらいの人気作家です。タリバンの構成員の身になり、彼らの思いを静謐な筆致で、しかも正確に書き出しているところがすばらしいと思います。この本を読むまで私たちはマフマルバフ氏を全く知りませんでしたが、その優れた文章にとても感動し、この本を「フェリスの一冊の本」に決めたのです。

大学の教員が本を売る

全学で読むために、図書館ではこの本を五〇〇冊仕入れました。版元の協力もあり、学生には一冊五〇〇円で提供することにし、四月初旬に新入生全員がホテルに一泊して行う学外オリエンテーションには三〇〇冊持っていきました。そのメイン会場前に机を出して本をならべて「この本が今年のフェリスの一冊の本です」と宣伝しました。

その時の図書館長本間慎先生をはじめ、発起人の梅本先生、図書館運営委員の三宅さん、それから、私と読書運動の学生リーダーと図書館職員とで必死で販売しました。それが他の教員にはおもしろかったようです。彼らは私たちの苦労を遠巻きに眺めながら笑っていました。それもまた一つの関心の示し方ではあると思いました。大変でしたが三〇〇冊全部売り切りました。通年では結局四七六冊売れたので、ほぼ完売と言えます。

またこの時に、「学生に本を読ませる」のではなく「学生と一緒に読む」活動にしようという方向性が決まりました。

オープニングイベント

オープニングイベントは四月一五日に大々的に行いました。このイベントを開催するにあたり、マフマルバフ氏についても調べました。人となりや、どんな映画を撮っているのか、などです。

四月のイベントに間に合わせせなければならないのに、素案が出たのが二月、それから講演者も決めねばならず大変でしたが、結果として大成功でした。

最初ですので皆とても力が入っており、教職員も皆出席し、一五三名もの来場者がありました。アフガニスタンの難民を助ける会（ＡＡＲ）にご提供いただいたたくさんの画像を学生が美しい映像に加工し、それを上映しながら別の学生が課題図書を朗読しました。朗読の後には、アフガニスタンで長く美術の研究をしてこられ、当時、本学非常勤講師だったＲ・Ｇ・ジェフコット先生がアフガニスタンという国について、画像を使用しながら愛のこもった解説をしてくださいました。この後は三宅さんのピアノの即興演奏と、西澤先生フルートの演奏と続きました。（どんな演奏であったかは、別枠の三宅さんの報告をお読みください）

四月は「難民を助ける会（ＡＡＲ）」から堀江良章氏をお招きし、もう一度講演会をしています。アフガニスタンの女性が着ているブルカや地雷などを持ってきてくださり、それを着てみたり、地雷は一個五〇円でできてしまうこと、地雷を埋めた人の行方もわからなくな

表1　2002 年度読書運動プロジェクト「フェリスの一冊の本 2002」活動実績

イベント等

開催日	イベント	講師・出演者
4月15日	オープニングイベント講演	R. G. ジェフコット氏
	アフガニスタン・危機にさらされた風景と日常生活	
4月24日	講演会	堀江 良彰氏
	難民を助ける会　アフガニスタン支援	
5月13日	ビデオ上映会	
	「サイクリスト」モフセン・マフマルバフ監督	
6月4日	ビデオ上映会	
	「りんご」サミラ・マフマルバフ監督	
6月17日	講演会	今澤 紀子氏
	仏像とブルカのアフガニスタン	
7月1日	講演・演奏会	松田 嘉子氏、竹間ジュン氏
	アラブ音楽を聴いたことがありますか？ 音楽文化の伝統を知る	
9月30日	講演会	川崎 けい子氏
	忘れられたアフガン難民の悲劇	
9月30日～10月5日	写真展	
	川崎けい子氏「アフガニスタン女性と子どもの写真展」	
11月3日～11月4日	パネル展示、朗読会	
	（大学祭）	
11月19日	連続ビデオ上映会	
	「カンダハール」モフセン・マフマルバフ監督	
11月19日	連続ビデオ上映会	
	「サイレンス」モフセン・マフマルバフ監督	
11月21日	連続ビデオ上映会	
	「りんご」サミラ・マフマルバフ監督	
11月22日	連続ビデオ上映会	
	「サイクリスト」モフセン・マフマルバフ監督	
11月23日	連続ビデオ上映会	
	「カンダハール」モフセン・マフマルバフ監督	
12月3日	講演会	高橋 世織氏
	読書する身体	
12月5日	朗読会（国文学会との共催）	
	私たちの「朗読会」	
1月16日	作曲コンサート	楽理学科学生
	「砂漠」ほか 新作11曲	

※イベント、講師・出演者下の網掛け行はイベントタイトル

読書会

第1回　4月22日	第4回　6月10日	第7回　10月8日	第10回　11月25日
第2回　5月8日	第5回　6月24日	第8回　10月21日	第11回　12月10日
第3回　5月20日	第6回　7月8日	第9回　11月12日	

り、撤去が難しくなっていることなどをお話しいただき、実りの多い講演会でした。戦乱のアフガニスタンから逃げてきた女性を主人公にした物語『カンダハール』が日本で公開されたのはこの年です。学生向けに、教室でマフマルバフ監督の『サイクリスト』『サイレンス』などのビデオ上映会もしています。マフマルバフ氏はすばらしい映画監督で、私は感動のあまり、あとからもう一度図書館でビデオを見てしまったくらいでした。

普通のアフガニスタンを知るために

読書会もしました。全部で一一回ですね。前期オープニングイベントでお話をしてくださったアフガニスタン美術が専門のジェフコット先生が、アフガニスタンについていろいろ教えてくださったり、質問に答えたりしてくださるというかたちで、一〇人ぐらいの学生を中心に読んでいきました。

それは非常にいい体験でした。私たちは普通のアフガニスタンについてほとんど何も知らなかったので、この方によって、アフガニスタンという国の輪郭がおぼろげながらもわかるようになったのです。

ただ、回を重ねるうちにマフマルバフ氏の著作の内容との距離が目立つようになりました。講師の先生の中のアフガニスタンは、非常に美しいオリエント幻想なのです。もちろん悪いことではありませんが、マフマルバフ氏の書こうとしていた内容、「タリバンは、必ずしも加害者ではない。むしろ、ずっと放置され続け、追い詰められた彼らの状況を理解しなければ戦争は終わらない」という主張とは、ずれが生じてしまいました。どちらが正しいということではありませんが、作品の読みとしては充分ではなくなったなというところで、さらに問題が出てきました。

行動と読むこと

読書運動を中心となって支えていた学生は、リーダーシップもあり社会的な運動にどんどん入っていくようなタイプでした。非常に優秀で実践的でもあって、ＷＦＰ（国連世界食糧計画）にも所属していましたし、フェリスの中の反戦の会にも名を連ねていました。行動力もありましたから、「今すぐ何かしよう」と積極的に動き出すのです。それで、この本の詩的なところや、文学的な感性に惹かれ、丁寧に読み込んで分析したくて読書会に参加していた学生たちは、読んですぐ行動につなげていくという方法に不満を感じたようで、視点の相違からすれちがいが生じ始めました。ある文学部の学生が、こんな感想を書いています。「この活動を通して、何か新しいことを始めるのがいかに大変かということを知った。突発的に集められたメンバーだったせいもあるし、いろいろな学部の学生で構成されていたせいでもあるが、意見の食い違いや考え方の違いをまとめあげるのは難しく、また、意見そのものも正しく伝わらなかった」と。

私たち教員も図書館側も必死でした。この運動を盛り上げようと、一所懸命に講演会だのアラブ音楽のコンサートだのを企画してきたのに、学生はいま一つ乗ってこない。そのうち、学生メンバーから「こんなことは全然意味がないと思います」などと言われてしまい、とても落ち込みました。必死でがんばってきただけに、皆、燃え尽き症候群のような感じになってしまいました。この年は努力が空転し結果に結びつかないもどかしさを嫌というほど感じました。

侃々諤々の話し合いの結果、読書会では、等身大の感動を共有していこうということになりました。前期のような華やかさはなくなりましたが、後期の読書会では、お勧めの本を紹介したり、一人一人に読書体験を語ってもらってそれについて皆で話し合ったり、地道に活動していきました。ある学生は感想文に「努力したかったが、どう努力していいかわからなかった。意見がかみあわなかった」と書いています。この年読書運動プロジェクト（読プロ）に参加した人は皆、学生教職員含めて彼女と同じ感想を持ったと言えるでしょう。

読書運動と音楽

読書運動プロジェクトの計画を始めた時、図書委員の一人だった私は、音楽学部が何かの形で参加できたらと考えました。翌年の二〇〇二年四月にキダーホールでオープニングセレモニーとして講演と朗読が企画され、そのプログラムに音楽を入れるように提案したことを記憶しています。それが音楽学部がこのプロジェクトに参加した最初でした。

演奏学科の西澤幸彦さんと私で、普段あまり聴くことのない新しいタイプの音楽を演奏しようと相談して、西澤さんはフランスの前衛作曲家、E・ヴァレーズのソロ・フルート曲〈Dencity21.5〉を、私はバッハをテーマとした即興演奏をすることになりました。ついでながら、〈Density21.5〉は、プラチナの楽器を持つフルーティストのコンサートのため、一九三六年にヴァレーズが作曲したもので、タイトルの'21.5'は、プラチナの密度を表すものだといわれています。

私は毎年、楽理学科（現・音楽芸術学科）二年生の作曲クラスをもっていますが、そのとき、学生たちが読書運動の『アフガニスタンの仏像は破壊されたのではない　恥辱のあまり崩れ落ちたのだ』をテーマとした組曲を作曲したら、と思いつきました。十数人の学生がこの本からそれぞれの好みの部分をピックアップし、作曲しました。

一一月にキダーホールで作曲作品コンサートを行い、その日、新聞社の取材までがやって来、学生たちのインタビュー記事が読売新聞に掲載されました。まあ、それなりに成果の上がる会になったということでしょう。三田村雅子先生ご夫妻も客席にいらして、後日、一曲ずつの感想を送っていただき、作曲した学生たちが喜んだことを思い出します。

翌年も楽理学科の学生による作曲作品がこのプロジェクトのライブ企画に参加しました。「作曲」というものは実際なかなか便利なものです。どこがといえば、既成の曲ではないオーダーメードが可能な点、たとえばプロジェクトなどの目的に沿った音楽を提供できるというのもその一つなのです。

このライブは最終的に二〇〇三年度の宮部みゆき『燔祭《はんさい》』の朗読・演奏会になり、楽理学科の学生に公募をかけ、具合のいい人数が集まりました。『燔祭』のいくつかのシーンをピックアップしてそれぞれ作曲してもらいました。叙情的なシーンが割り振られた人も、殺人現場のシーンを作曲するハメになった人もいました。三田村先生と相談しながら、文学部の学生たちの朗読と音楽が交互に登場する形に決まりました。このときも大勢の方が聞きにいらして、観客の職員の方からは「NHKのラジオドラマより面白かった」という感想も出ました。音楽学部をもつ大学の利点が創造的な形で実現した会だったと思います。

音楽と読書運動はまださまざまに新しい形で交差できると考えます。特に新しいカリキュラムになった現在の「音楽芸術学科」では、コンピュータミュージックや映像とドッキングした音楽作品、またポップス・ロック・現代音楽などの語法を取り入れたさまざまな創作が行われています。こういった試みは、この先も思いがけない形で読書運動と連結してゆくでしょう。この運動が始まった二〇〇二年は、私たちの新しい「音楽芸術」への胎動の時期と重なっていました。このプロジェクトにかかわることで、音楽芸術学科と新しい未来が、全学に広く認知される一つのきっかけになったのでは、と思います。

（音楽学部教授　三宅榛名）

最後の救い、音楽コンサート

大成功とは言い難い二〇〇二年度でしたが、締めくくりはすばらしかったです。音楽学部教授の三宅さんが授業で読プロの課題図書を読んでイメージしたことを曲で表現するという取り組みをしてくださったのですが、その成果を公開する演奏会が行われたのです。一月一六日のことです。

例えばその中で『戊夜《ぼや》の砂漠』という曲、この洒落た曲名は三宅さんがつけたものですが、これを作曲した学生は一人でパート譜を起こしてさらには自分のイメージに合った演奏をしてくれる友達を探して、合奏をしました。本を読み、イメージをふくらませ、作曲し演奏する。それを聞いた人がさらにイメージを膨らませ本を手に取る。読書の広がる力のようなものを感じます。この曲を作った学生だけでなく、どの曲も力作でした。面白いのは、同じ本を読んでも内容を明るくとらえる学生もいれば、非常に暗く静かにとらえる学生もいたということです。大変な一年でしたが、素敵なコンサートで締めくくれたことは次年度へ向けての活力になりました。作曲した学生の感想文に、「一冊の本から主題を見つけ出し、その主題を音で表すことは、とても難しかったが、文字情報を音に置き換えていき、一つの組曲になったときはとてもうれしかった」とありました。

二年目のスタート　二〇〇三年度

二年目は前年度の反省を踏まえ、あまり難しすぎないものをということで、宮部みゆきの『火車』を「フェリスの一冊の本」に決めました。私自身は宮部みゆきの小説が大好きだったので、読書運動のテーマとして取り上げることには大いに乗り気でした。前年度のケースから学んでいたこともあり、この年は大成功でした。初年度は面白くないと不平不満を言っていた学生メンバーも、今が旬の宮部みゆきの本が課題図書だというので友達を連れてきたり、急に生き生きし始めました。流行作家のミステリーをわざわざ取り上げる意味があるのかという意見も聞かれましたが、非常に身近でありながら、大変重要な問題を含んでいる宮部作品に真正面から取り組むような読みをしたいというのが、この年の目標でした。彼女の著作を、たとえば家族や犯罪都市の問題として読むという研究は実は未だにほとんどないのです。

それまで本学の図書館は現代の女性作家の本がやや手薄でした。大学図書館は基本的に研究のための施設ですから、研究者の少ない現代女性作家の本はなかなか入ってこないのです。現代小説は自分で買って読めなどという声も聞かれますし、またその意見にも一理はありますが、難しい本を読むことだけが読書ではありません。大学生時代は読書習慣を身につける最後のチャンスです。大学の図書館に読みやすい作品を多く備え、本との出会いの場とすることは全く無駄なことではありません。読書運動も、本に出会い、本を愛するようになるという過程を含めた活動でありたいと思います。

図書館も当時出版されていた宮部作品はすべて備えてくれました。学生は宮部みゆきの本が図書館に入るとは思っていなかったようで、とても喜び、したがって図書館の貸出冊数もぐっと増えました。

学生提案型授業　私たちが学びたいこと

本学では二〇〇三年度より学生が学んでみたいテーマを提案する「私たちが学びたいこと」という授業科目が開設されています。記念すべき第一回は、さまざまな企画提案の中から、読プロの学生が提案した「宮部みゆきに現代を見る」に決まりました。

そして、「私たちが学びたいこと」を主体とした授業をしてくれる教員として、フェリスの卒業生で、まだ若い安藤公美先生をお願いしました。

さすがに「私たちが学びたいこと」だけあって、この授業には当初百数十人の学生が集まってきました。全員発表という縛りをつけたところ八〇名程度まで減ったのですが、それでも半期で八〇人全員に発表させるのは大変です。安藤先生は学生に都市論や家族論やさらには金融の角度から考えるという切り口を与え、各ブロックごとの発表会を工夫してくださいました。

読プロでもその授業に合わせるように、講演を組んでいきました。この授業と講演のマッチングは大変うまくいきました。

刑事には読書が必要

二〇〇三年度の第三回目の講演は、元警視庁刑事の田中弘行氏でした。犯罪の発生、捜査の方法について触れ、「『火車』のようなことは実際はあり得ない」という話もしてくださいました。

同時に、刑事の一番の仕事は調書を書くことで、そのためにはいかに多くの本を読まなければならないか、犯罪者は自分の行動が筋道の通った一本のストーリーになったとき、それまで生きてきた中で味わった悔しさや惨めさが救い上げられ、自分のこととして認識できるようになり、そこで初めてその行いを納得し、罪を償う気持ちが生まれるので、しっかりした文章が書けることは刑事にとって必要不可欠の能力であり、調書を書くことはある人間の物語をつむぐことに等しいとおっしゃっていました。『火車』は、犯人を追い続けて来た刑事の、「君の物語を聞きたい」というセリフで終わりますが、犯罪者の物語が刑事の物語ともなっていく結末がみごとです。宮部みゆきの観察眼の冴えるところでしょう。

この講演会も印象的で、物語の持つ力をあらためて感じました。犯罪捜査の現場からの生《なま》

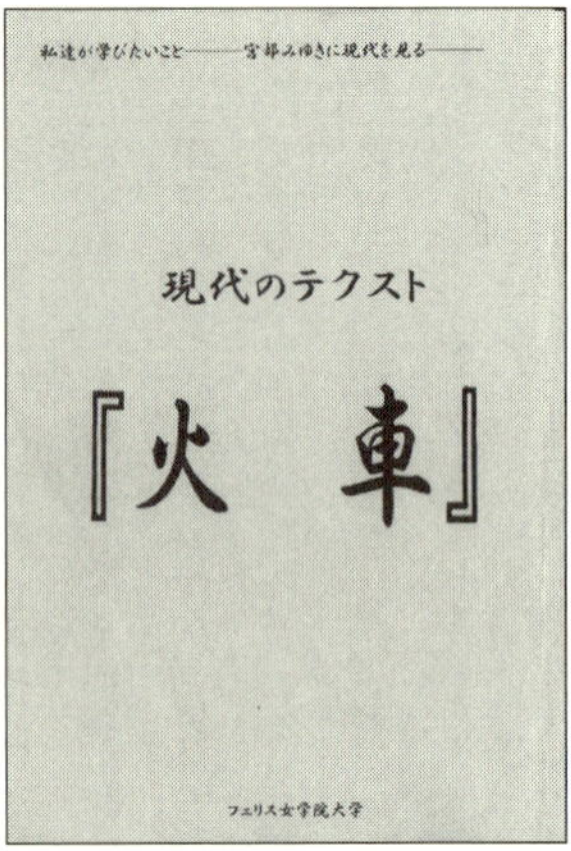

図5　授業のレポート集（一部を『大学生『火車』を読む　フェリス女学院大学の挑戦2』に所収）

の声を聞けたのは、とてもいい体験でした。

第四回は、東洋英和女学院大学の与那覇恵子先生が七月四日に「現代を生きる女性たちの声」というテーマで講演されました。「女性」は善良な被害者、「男性」は犯罪者という男女像からはなれ、今や加害者側となった女性について、現代という時代に即して非常に深く語ってくださいました。

ラスト第五回は安藤先生の「宮部みゆき『火車』を読む――読者―ミステリー―現代」でした。安藤先生の授業「私たちが学びたいこと――宮部みゆきに現代を見る」の成果は、『大学生『火車』を読む　フェリス女学院大学の挑戦2』（ひつじ書房刊行）という一冊の本にまとまっています。先生は、「私も授業の中で言いたいことはいっぱいあった。けれども受講生八〇人全員に、意見を言わせることを主体に考えたので、自分の意見は押し付けなかった。だから今日は、言いたかったけど言えなかったことをお話しします」と、授業のこと、読書のこと、ミステリーのこと、さらにつっこんで宮部みゆきの現代性についてお話してくださいました。一年間をしめくくるのにふさわしい非常に見事な分析でした。授業の展開と読書運動が有機的に機能した、充実した一年でした。

もう一つのテーマ

また、この年は後期から「ピーターラビットを英語で楽しむ」という企画もスタートしました。

課題図書は『The tale of Peter Rabbit』と『Beatrix Potter and Peter Rabbit』です。主に英文学の藤本朝巳先生がご担当くださり、読書会を中心に活動が進められました。こちらも盛況で、一回平均五〇人前後の参加者が集っています。

この年はフェリスで国際絵本フォーラムが開催されています。英国からお招きしたジュディ・テイラーさん(ビアトリクス・ポター・ソサエティ前代表編集者)の講演会もありタイアップ企画として『ピーターラビット』を読むことになりました。「ピーターラビットの生涯」「ピーターラビットの秘密」と、読書会のタイトルからしておもしろそうです。ナビゲーターの藤本先生は、児童文学絵本研究の第一人者ですから、ピーターラビットのみにとどまらず、作者ビアトリクス・ポターのことや絵本が書かれた時代背景などを多くの画像を示しながらわかりやすくご説明くださいました。「ビクトリア朝時代の女性の生き方と絵本の魅力を知る」と題されたビデオ上映とレクチャーの会や、「ピーターラビットの図像学」というタイトルの講演もしてくださっています。

このシリーズのラストは立教大学名誉教授吉田新一先生による講演会で、内容は「ピーターラビット絵本の故郷を訪ね、作者の絵本作りを学ぶ」というものでした。先生ご自身が撮影なさった写真を示して、作品の舞台となったイギリスの風景や、ポターの作風についての説明がなされ大変好評でした。図書館でも講演に合わせて「ピーターラビットの絵本展」を開催しています。

学生自身がプロジェクトを推進した

学生メンバーの感想も、この年は「よかった」というのが多かったです。「読プロに参加したことで、学生生活最後の一年をこんなにも充実して過ごせるとは思ってもいなかった。今年のプロジェクトは、和気あいあいとしていてとても楽しかった」と。

初年度は教員の理想が先行しすぎたきらいがありました。その点、この年は二年目だけあって学生に任せるところは任せ、彼女らが壁にぶつかったときは、教員が相談に乗るという方法で進めていけたのがよかったと思います。学生が、「充実していた」「おもしろかった」と言ってくれるのが、教職員にとって一番嬉しいことです。

大学祭も盛り上がりました。この年初めて読プロとして大学祭に参加しています。企画は、図書館クイズラリーと朗読演奏会でした。図書館内に読プロの活動を紹介した展示を何か所にも貼り、そこにクイズをしかけるのです。問題を探して、答えをみつけて、全問正解するとプレゼントがもらえます。これは今でも大学祭の時に必ずやっています。

もう一つの朗読演奏会は、宮部みゆきの『燔祭』というちょっと怖い短編を朗読し、前

図６　旬の本が並んだコーナー

年度もご協力下さった音楽学部の三宅さんが、ご自身の学生に声をかけてくださって実現しました。今回は授業ではなく、個人的な協力だったにもかかわらず、学生が場面ごとにぴったりの曲を作り、朗読と合わせ、コンサートを作り上げたのは立派なことでした。朗読も作曲も演奏も宣伝ポスターを作ったのも学生自ら、当日の会場係なども自分たちでがんばっています。

感想文には、「朗読者と音楽担当の練習時間を合わせることや、技術的な面での困難も多かったがとても楽しかった。予想を上回る人が来場してくれて、何度も企画を練り直して苦労したかいがあった。本当に嬉しかった」と書いてあります。

文庫本コーナーの開設

図書館のゲートをくぐると右手に文庫本のコーナーがあります。そこはもともと新聞台やソファーが置いてあるだけのスペースだったのですが、この年度の冬に「好きな現代作家」の本のアンケートを取り、多く票の入ったものからどんどん購入し、また、皆に読んでもらいたい本を全学から寄贈を募って配架しました。「私たちの〈今〉を読むコーナー」と名付けられたそこは、年を追うごとに本も増え、書架も増設、今ではこのコーナーだけで、数千冊の蔵書があります。私もだいぶ寄贈しました。いつ行っても誰かしらがその場所で本を選んでいて、うれしかったですね。寄贈すると、その本を誰かが借りているかどうか気になります。それは学生も同じだったらしく、「自分が感動した本を借りている人がいてうれしかった」と言っていました。大学の中で、こういった読書の連鎖が生まれたことはとても良いことだと思います。

「私たちの〈今〉を読む」コーナーに来れば、「今」旬の本が読めるわけで、貸出率の高い一番人気のコーナーになっています。

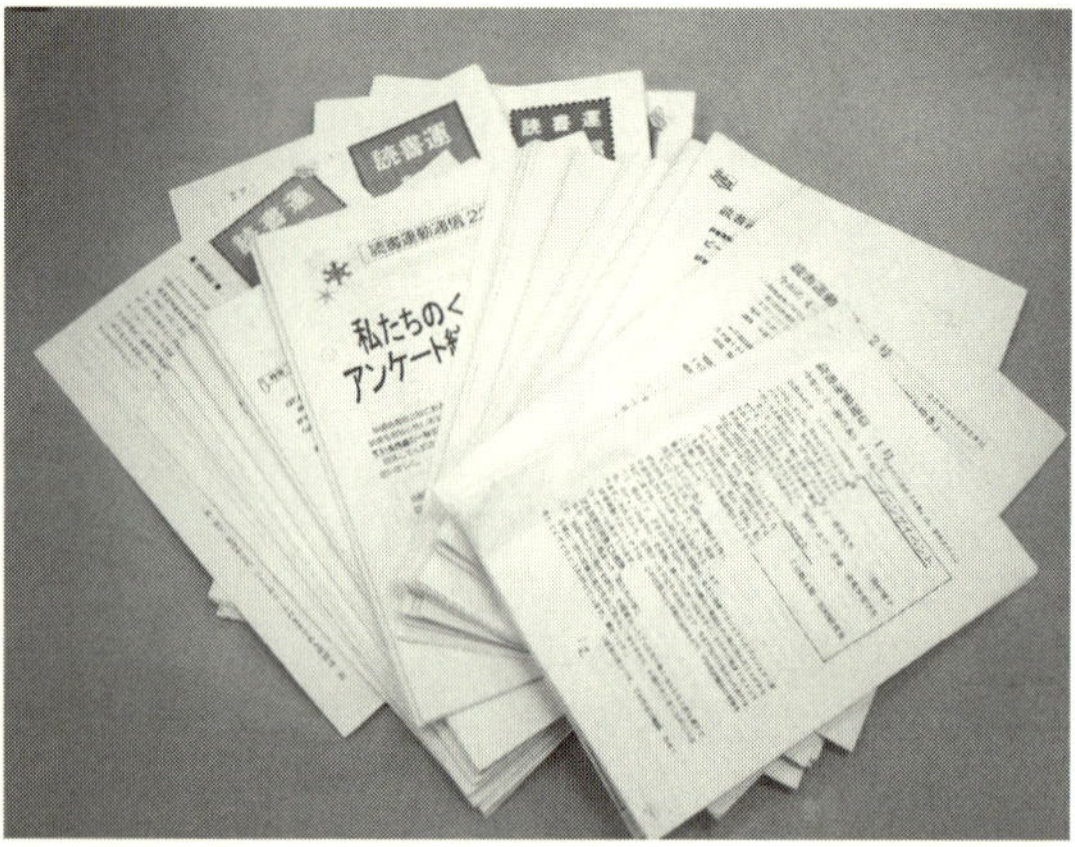

図7　読書運動通信

学生と教員と図書館と

初年度の学生も勢いがありましたが、この年の学生も情熱的でした。行動力があるのはいいことですが、ちょっと突っ走りすぎてしまったのです。どんな活動でもそうですが、燃えている人は自分の目的を達することが最優先、最重要事項となってしまいがちです。読プロの学生にもご多聞にもれず、そういったところがありました。

それで彼女らは、よく図書館利用のルールを破り、スタッフに注意されていました。初期のころは、次から次へといろいろなことが起こり、そのたび学生は私のところへ飛んで来ていまし

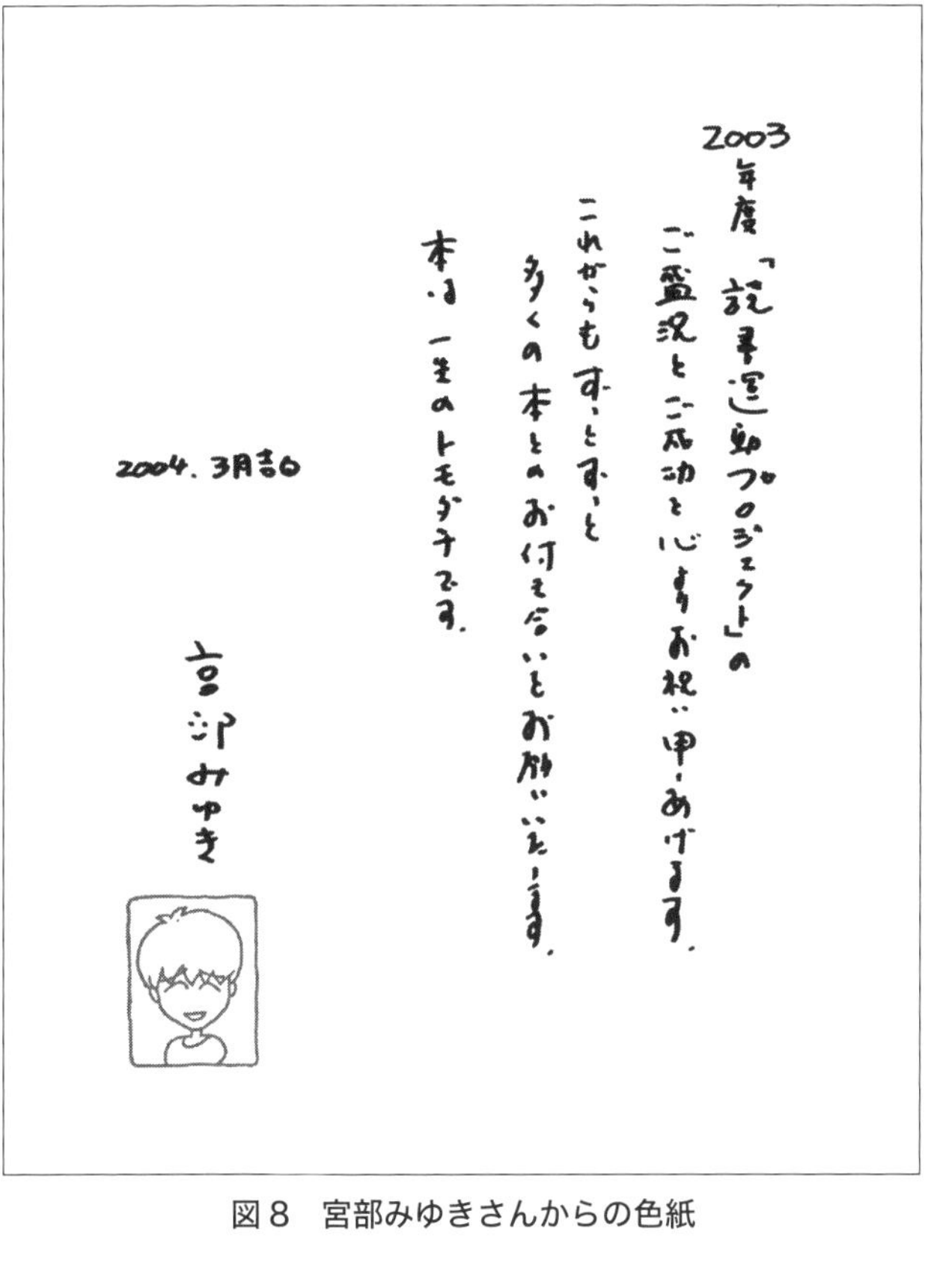

図８　宮部みゆきさんからの色紙

た。特に印象に残っているのは、読書アンケートを取った時のことです。

アンケートというのは、読プロの機関紙である「読書運動通信」の記事にするために、全学の教員に向けて、好きな本や作家、お勧めの本を聞いたものでした。このアンケートにからんで学生と事務スタッフの間に行き違いがありました。読プロは、学生も教員も職員も対等の立場に立って意見を出し合い、動いていく活動です。このころの担当スタッフによれば、以下の別枠のような次第でした。ぶつかることがあっても、それは意欲があるからのことで、決してお互いに否定しあいたいがためのことではなく、お互いがお互いの立場に立って考えることができれば、こういった衝突も回避できたはずでした。しかし、こうしたことがあったからこそ、学生も図書館員も成長していくことができたのだとも思います。それ以来、学生、教員、図書館員の三者間の連絡を密にするため、メーリングリストを使用し始めました。ランチミーティングにも、学生メンバー全員と図書館スタッフが同席し、情報を共有するようにしました。その後の発展につながる重要なステップであったと感じています。

この一人一人の教員を訪ね、趣旨を説明した上で依頼したアンケートは、全学の教員の目を読書運動に向けさせるいい機会となりました。批判的な意見もありましたが、それとて関心のあらわれであることにはちがいありませんから、ありがたいものでした。二〇〇三年四月八日に第一号が発行された「読書運動通信」は、始めのうちはイベントの紹介や講演会のレジュメなどが中心でしたが、そのアンケートの結果を受けて、お勧めの本をからめた読書エッセイ中心にかわっていきました。私も他の教員に依頼する以上、自分が先鞭をつけねばと思いたくさん書きました。教員も快く応じてくれた人がほとんどで、月に一回発行する「読書運動通信」は、どんどん読み応えのある冊子になっていきました。

全体としては、「よくやった」というのが二年目の感想です。宮部みゆきさんからも、色紙をいただきました。

人間関係の大切さ

当時、大学や図書館関係者の方に「読書運動プロジェクトをやっています」などと言おうものなら、「余裕があってうらやましいですねえ、うちではとてもとても」とか、「え、大学生になってまで読書運動ですか？」といった答えが返ってきたものだ。プロジェクトが始まったのは、二〇〇二年。少子化が加速し、どの大学も危機感を持って経費節減に努めていただけに、当然の反応だったと思う。では、フェリス女学院大学が潤沢な資金を持っていたのか、附属図書館に大勢のスタッフがあまっていたのか、と言えば、全くそんなことはなかった。「モノ、ヒト、カネ」のどれもない状況の中、どうにか必死で行っていた、というのが実感である。この文章では、私が担当させていただいていた、二〇〇三年度から二〇〇五年の夏まで、文部科学省の特色ある大学教育支援プログラム（特色ＧＰ）に採択される前の、モノなしヒトなしカネなし時代の初期読書運動プロジェクトについて振り返ってみたいと思う。

二〇〇三年度は、読書運動プロジェクト（以下、読プロ）が始まって二年目にあたる。発起人の教員は図書館運営委員を退かれ、中心となる学生メンバーも入れ替わった。組織におけるプロジェクトは、求心的な人物を失うやいなやアッという間に失速してしまい、後は惰性で続ける（続けざるをえない）というパターンが多いと思うが、幸いなことに、後を引き継いだ教員も学生メンバーも情熱を持って多彩な企画を提案してくれた。

図書館は、こうした企画を実現すべく事務仕事を担当する。例えば、毎月行われる講演会ならば、講師への依頼や会場手配、ポスター作り、資料や看板作成、学内外へのチラシ配布やマスコミへの広報、当日の受付やセッティング、記録、謝礼の手配などの裏方業務を担っている。と言っても、読プロのための人員補充はない。むしろ、人員削減のまっただ中であった。正直、「残業は増やすな、経費は減らせ、学生へのサービスの質は落とすな」という学院の方針を守りつつ、他の担当業務に加えて読プロ業務もこなすことなど、「ムリムリ、絶対無理です！」と叫びたかった。業務を分担していただく他の専任職員、臨時職員、学生アルバイトにしても同じ状況である。「図書館員」と言うと、「カウンターで本を読んでいて、利用者が来たらピッピッと貸し出しをする」といった優雅なイメージをお持ちの方が多いが、フェリスの現場では、カウンターに出ている臨時職員や学生アルバイトの方でさえ、締め切り付きの仕事を複数抱え、常に小走りで事務室とカウンターを行き来しているような状況だった。そこへ至急かつ大量の仕事を次々に頼みに行く時は、身のすくむような思いがしたものだ。途切れることなく企画や原稿が寄せられたのは、本当に凄いことだと思うけれど、図書館全ての人材を駆使しても、ついて行くのが精一杯であった。

モノについて言えば、当時は記録を取るためのビデオカメラやデジタルカメラさえ買えず、イベントのたびに記録担当の方が他部署から借りていた。必要な機材を借り物や手作りでまかないながら、何とかイベントの体裁を整えていたのである。広報については図書館だけでは人を集めるのが難しく、生涯学習課でオープンカレッジの学生に毎回五〇〇枚のチラシを配布してもらったり、教員の方にイベントの紹介をしてもらったりと、学内のさまざまな力をフル活用して、なんとか運営しているような状況だった。

なけなしのモノ、ヒト、カネを投入してまで読プロを続ける価値があるのか、と問われれば、やはり「ある」と答えたい。大学生の読書離れが問題視されるようになって久しいが、普段本を読まない学生に、「読書は楽しい」と感じる経験をしてもらうことは難しい。しかし、読プロの企画は学生の発案が生かされ、学生自身が参加していることによって、自然と同年代の学生の興味を引くことができる。学生メンバーの活躍を見るため、講演会の前後に行われる音楽学部の学生の演奏を見るため、といった横の繋がりで、少なからぬ人数の学生がイベントに足を運んでくれた。中には、「友達が出るので見に来たら面白かったので、図書館で借りて帰ります」といったコメントを残す学生もいた。教員が課題図書を読ませるとか、図書館が講演会を行うといった方法だけではこうした反応は引き出せないだろう。「あまり本を読まない」学生の読書量を「三」から「四」、「五」と増やしていくことも、もちろん重要だが、「全く本を読まない」学生の読書量を「〇」から「一」、「二」と増やして行けることこそが、この読プロの斬新さであり、それは学生メンバーの力によるものだと思う。

学生メンバーが加わることによって大きな成果を得ている読プロだが、初期は教員＋学生＋図書館という運営形態にお互い戸惑いを感じていた。今にして思えば、サークルでも講義でもない、新しい試みである読プロを三者が運営する上で、双方の要望がかみ合わず、衝突することは必然的な過程だったのだろう。業務量以上に学生メンバーとのやりとりに苦慮したことから、この点についても触れてみたい。

先に述べたように、読プロは、学生メンバーや教員が企画を立て、その実務を図書館が請け負うという形で運営している。学生メンバー独自の企画も多数あるが、外部にも公開され、大学全体や図書館が関わる活動であるだけに、どうしても制約が出て来る。これを理解してもらうのが、一番困難だった。

例えば、学生メンバーが「全教員にアンケートを取りたい」と提案してくれたことがある。夜の七時近く、アンケートの原案を手に、「明日の朝にも配りたい」と図書館を訪れてきたときは、まず、その熱意に感心した。学生メンバーにとって読プロは、無償の活動であり、講義やサークル、アルバイトなどの合間を縫って、自主的に取り組むものである。このアンケートも、時間をやりくりしながら作成してくれたのだろう。先生のお薦めの本や読書にまつわるエピソードを書いてもらう、という内容も多くの学生の興味をひきそうだった。しかし、読プロの名前で全教員にアンケートを依頼するとなると、私の一存では許可できず、その場では誤字脱字や重複した質問を訂正するようお願いし、既に帰宅していた図書館長には、明日の朝一番で了承を得ると約束した。彼女にしてみれば、「せっかく頑張って仕上げたのに、なぜ、すぐにも配れないのだろう」と感じたのかもしれない。この件は、教員の耳にも入り、お叱りを受けることになった。

彼女は誤字脱字や重複のことだけではなく、内容にまで訂正を求められたと訴えていた。おそらく、すぐに対応してあげられなかったことで、全てが否定されたような気持ちになってしまったのではないだろうか。誤解であることを説明させていただき、また、アンケートは学生メンバーが望む設問のまま、彼女らが直接先生に手渡して趣旨を説明して後に受け取りに行くという形で実施された。その手法も結果もたいへん素晴らしいものだったと思うのだが、後々の運営に支障をきたす契機となってしまった。

大学祭でウォークラリーを行うという学生の企画に対し、資料の汚損を防ぐため景品に食品を使えないこと、主な参加者である子どもの安全に配慮して各階に人員を配置してもらいたいことなどをお願いした時も、非常に強い拒否反応が返ってきた。

もしも、読プロが学生メンバーによるサークル活動だったら、もっと自由に企画を実現できただろう。アンケートは、たとえ内容に不備があっても「学生が作ったものだから」で済まされたかもしれない。大学祭では、警備の必要もない広々とした教室を使って景品を食べ物にすることもできただろう。活動の拠点となる部室がもらえたかもしれない。学生の要望をかなえたいと思いつつも、「大学附属図書館」の名の下で行っているために、さまざまな制限を課してしまっていることに、言いようのない心苦しさを感じた。

そのような状況で、学生メンバーから図書館に対する意見書が提出された。やはり、大半が「やりたいのにできなかったこと」に関する不満であり、学生たちの苛立ちが感じ取れた。一旦は、「どうしてだめだったのか」を説明する回答も作成したが、これまでも理由を説明しただけでは学生は納得しなかった。ここで同じことを繰り返しても、活動を萎縮させ、不満を募らせるばかりだと考え、室長に相談したところ、次の年につながるような、建設的な話し合いの場をもうけることを提案された。

話し合いの場では多数の要望が出されたが、一つ一つは本当に些細なことで、「それはできますよ」「そうなんですか」とか、「できないならいいです」で済むようなことばかりだった。やはりアンケートに端を発するすれ違いが大きな問題だったのだと痛感した。あの一件がなければ、大学祭についての変更もすんなり受け入れられたかもしれない。学生の気持ちを汲みきれなかった自分の至らなさを改めて反省するとともに、主に代表の学生と私だけがやり取りをしていたことも、お互いの意思が充分に伝わらなかった一因だろうと考え、定期的なミーティングを行うことによって両者の意見を交わすことにした。

翌年度は、全員でミーティングを重ね、メーリングリストを積極的に活用して意思疎通を図ることから始めた。また、学生担当として別の図書館職員の方が読プロに加わって下さったところ、彼女の人柄も功を奏して和気あいあいと活動が行われるようになった。そのまま順調に活動が進むかと思われたが、主要メンバーの離脱や学生担当の方の離職もあり、またしても難しい局面を迎えることになった。私はと言えば、読プロの特色GP申請や図書館システムのリプレイスに時間を割かれており、何の助力も出来なかった。しかし、学生メンバー達は自分たちの力でこの難局を乗り切り、活動を続けてくれた。深い敬意を表したい。

四年目の「ファンタジーを読む」は、学生アンケートによって決められたテーマであり、学生メンバーもそれぞれ思い入れのある作品を持っている、まさに「やりたい」「読みたい」テーマであった。それは企画の段階からひしひしと伝わってきた。さらに、新たに読プロに加わり現在も担当されている職員の方はファンタジー分野に造詣が深く、私にはない視点から沢山のアイデアを出してくれた。ポスターにミュシャの絵を使おうというのも彼女の発案である。この頃には学生メンバーとも阿吽の呼吸になってきて、「アレは頼めそう」とか「コレは興味を引くかな?」といった感じで、お互いのやりたいこと、やれることが肌で感じられるようになっていた。「早く原稿出して」とか「この資料まだ来ませんか?」といった細かい不満はあっただろうが、全体的には大きなストレスもなく、ようやく学生たちものびのび活動できるようになってきたように見受けられた。学生たちの自由な発想は、私の意識も変えて行った。

映画『ロード・オブ・ザ・リング』の上映会を行うときは、広報活動として、登校した学生が必ず目にする図書館の正面に大型ポスターを連続して貼り、館内のPCの壁紙は全て『ロード・オブ・ザ・リング』に変えた。端から見れば、なりふり構わぬPRだろうし、観に来る動機は「好みの登場人物がいた!」かもしれない。しかし、結果として『指輪物語』を手にしてくれるならそれで良いし、読書の入口となる作品に魅力があれば、さらに多くの本を手に取るきっかけとなるのではないだろうか、と考えるようになった。

無事に特色GPを獲得し、ようやく火の車から脱却して、「これから」という時期に退職せざるを得なかったのは返すがえすも残念だが、これからも多くの学生たちに読書の喜びを伝える読プロを見守り、応援したい。

(二〇〇三~二〇〇四年度担当　図書館職員　池内有為)

二〇〇四年度　村上春樹『風の歌を聴け』を読む

　翌二〇〇四年は、村上春樹を読んだ年です。この年の学生も非常にやる気がありました。年度の活動告知ポスター作りから気合が入っていました。スタンウェイのピアノの上にグラスを置いたり、鍵盤に本を置いたりして、プロのカメラマンに写真を撮ってもらい、とてもすてきなポスターができたのですが、音楽学部の教員から「ピアノの上に絶対に水を置いてはいけないと日頃から注意しているのに」とお叱りを受けました。これ以外にも、講演会や読書会のポスターも自分たちで作り、自分たちで貼りに行ったり、フットワークの軽い学生が多かったです。

図９　2004年度（村上春樹）のポスター

　四月初頭には産経新聞の取材も入り、四月二五日付けの誌面に大きく掲載されました。「本の世界堪能して」という大見出しで「学生主導で読書運動プロジェクト」、「村上春樹氏『風の歌を聴け』を選定」と報じられています。

私たちの活動が世間にも認められ、幸先良いスタートと思ったのですが、結果はいろいろな問題が噴出した一年となってしまいました。

この年中心になった学生は、上級生の活躍を尊敬のまなざしで見ていた世代ですから、最初から自分たちのオリジナルの仕事をしたいと考えていたようです。また、私にしても村上春樹には思い入れがありました。私やコミュニケーション学科教授の諸橋泰樹先生は、村上春樹の大ファンで、同世代でもあります。「七〇年代と村上春樹」というタイトルで五月に行われた諸橋先生の講演会では、先生がギターを弾いてくださり、大変盛り上がりました。

ところがその後、学生が、村上春樹の最初の三部作である『風の歌を聴け』と『羊をめぐる冒険』と『世界の終わりとハードボイルドワンダーランド』を抜き書き再構成して、一本のレーゼドラマを作り、発表会をしようとがんばっていたところ、村上春樹の事務所から「待った」がかかってしまったのです。上演にあたり、著者に承諾を求めた図書館の姿勢は正しいことですし、原作のいかなる改変も許可しないという事務所の態度も至極当然なものではあったのですが、脚本も書き終え、稽古まで始めていた学生メンバーにとっては、

平成１６年(2004年)４月２５日　日曜日

本の世界堪能して

フェリス女学院大

学生の活字離れが指摘される中、フェリス女学院大学（横浜市）が二年前から独自の「読書運動プロジェクト」を続けている。「フェリスの一冊の本」として毎年、読みたい作品を課題図書に選定。講演会のほか演奏会など趣向を凝らしたイベントを学生主導で開き、さまざまな角度から本に親しんでもらうのがねらいだ。今年の一冊に選んだのは、村上春樹氏の小説「風の歌を聴け」。現代の日本文学を代表するベストセラー作家のデビュー作をテキストに、二十六日には一回目の講演会が開かれる。

今年の一冊は、村上春樹氏のデビュー作。塩見さん（左）と瀧口さんら学生の主導で今年もさまざまなイベントが予定されている
＝横浜市泉区のフェリス女学院大付属図書館

学生主導で「読書運動プロジェクト」
村上春樹氏「風の歌を聴け」を選定
あす1回目の講演会

読書運動プロジェクトが始まったのは平成十四年。前年、同大学の緑園キャンパス（泉区）に本格的な図書館が完成したことのほか、シカゴなど米国の各都市で市民全員が一冊の本を読もうという運動が盛り上がっていることを知った同大の助教授が、「学問の基本は読書」と提唱する形で始まった。

学生や教員、大学当局で運営委の「読書運動プロジェクトチーム」を結成。一年目は大学側が課題図書を選定したが、二年目以降は学生が選び、今年はイベントも学生が主体となって運営することになった。

二年目の「一冊」は、宮部みゆきさんの傑作ミステリー「火車」。講演会も研究者だけではなく、自己破産を扱った作品の内容にあわせ、多重債務問題などで有名な宇都宮健児弁護士や警視庁の元刑事を講師に招いたほか、器楽演奏を交えた朗読会など多彩な企画を実施した。さらに、朗読会を録音したCDも制作。これらユニークな試みが奏功して学生らの関心も高く、「図書館では宮部作品がボロボロになるほど貸出率が良かった」（図書館の加藤庸子事務室長）と運動の成果が目に見える形で表れた。大学側には運動が盛り上がることで、「調べる場所だけでなく、本を読む場所」として利用してもらいたい思いもあるという。

そして三年目。図書の選定は、学生へのアンケートや昨年の講演会で参加者に聞いた感想などをもとに進め、人気の高かった村上春樹氏の「風の歌を聴け」を取り上げ、テーマを「村上春樹　等身大の自分を探す」にすることが決まった。文学部三年で同チーム代表の塩見優さん（二〇）によると、▽大学生が主人公で身近に感じられる▽読みやすい分量▽デビュー作―などの理由で選んだという。

村上作品にはジャズなど多くの名曲が登場する。「本の世界を味わいたい」（塩見さん）と、今年は音楽学部の学生とも協力し、作品中の曲を取り上げる演奏会を開く計画も進めている。

プロジェクトでは、月一回のペースで外部の市民らも参加可能な講演会などのイベントを実施。学生を対象にした読書会も開いていく。文学部三年で副代表の瀧口愛子さん（二一）は「今後もやりたい企画を提案していきたい」。塩見さんも「昨年は宮部さんを講演に呼びたかったが実現しなかった。今年はぜひ、村上さんに来てほしいと思っている」と、昨年以上の成果を期待している。

第一回講演会は二十六日午後四時半から同六時、緑園キャンパス八号館グリーンホールで。同大の三田村雅子教授（日本文学）が『風の歌を聴け』の風と水」と題して講演する。入場無料。二回目は五月十七日が予定されている。問い合わせは、同図書館☎045・812・6999。

図 10　読書運動プロジェクトが紹介された新聞記事
（平成 16 年 4 月 25 日付　産経新聞）※無断転載不可

大きな衝撃になってしまいました。発表会まではあと一ヶ月を切っていました。事務所側の態度は強硬で、「劇中には作品の文章を一句も引用してはいけない。朗読するのであれば、朗読する本のタイトルとどの部分かを明示するように」というものでした。

それでも学生メンバーは立派でした。大変残念で辛かっただろうと思いますが、「体験七〇年代・風の歌を聞け」という、カフェに来た客の談話形式で、当時の風俗や音楽を紹介するイベントを企画し、成功させています。

しかし、大急ぎで準備したために多少テキストの読み込みが甘くなってしまったこと、それから、メンバー自身の気持ちの立て直しが上手くいかず、中心となってがんばっていた学生が脱退してしまったことは今でも痛恨事です。

挫折しても次に

学生は、この事件が納得いかなかったようです。その結果、学生メンバーが内部分裂をおこしてしまい、リーダーが交代することになってしまいました。唯一の救いは、このころから図書館のスタッフとの関係が良くなっていたことです。担当者の文章にもあるように、週に一回、学生メンバー全員と、図書館の担当者も同席して一緒に考え、一緒に作るという体制になったことが大きかったと思います。

が、問題はこれ一つではありませんでした。二〇〇二年、二〇〇三年は、イベントをするたびに教員が協力してくれたため、学生の参加も多く、企画した学生たちも確かな手ごたえを感じることができました。私にしても、大変な思いをして裏方を引き受けてくれている図書館のスタッフにしても、やって良かった、大変だけどやりがいがあると思うことができたのです。が、二〇〇四年はどうしたわけか、何をやっても人が集まらない。学生提案型の授業の「私たちの学びたいこと」でも、二年連続読プロ関係ではと、「村上春樹」は却下されてしまいました。

それでもさまざまな企画を実施しました。

四月二六日に講演会の先陣を切ったのは私で、『風の歌を聴け』の風と水について話しました。続く五月一七日は、先ほどお話しした諸橋先生の「村上春樹と七〇年代」です。それから例のトラブルのあった学生イベント「体験七〇年代・風の歌を聞け」です。

七月五日、『華麗なるギャッツビー』の映画上映会を事前に行い、前田絢子先生に「スコット・フィッツジェラルド・村上春樹の自分のための小説家」という音楽や映画に関連したとても面白いお話をしていただきました。最後の講演は一二月で、青山学院大学の小林正明先生をお呼びして「たとえば虫歯や流動食から――『風の歌を聴け』の「フロイト・コード」」というタイトルからしてワクワクするような大変興味深いお話をしていただきました。

クリスマス前の読書会では『急行「北極号」』を読んでいます。村上春樹が翻訳したクリス・ヴァン・オールズバーグのこの絵本は、この年ロバート・ゼメキス監督でアニメ映画化され話題を呼びました。読書会で意見交換をした後、映画を見、感想文を書いて機関誌の読書運動通信に掲載という手の込んだ読書会です。ナビゲーターには本学の卒業生で、絵本作家の新井真弓さんをお呼びしました。

文部科学省の「特色ある大学教育支援プログラム」の助成を受けることに

色々あった二〇〇四年度ですが、悪いことばかりではありませんでした。採択率一一・五％

の難関を突破して文部科学省の「特色ある大学教育支援プログラム(特色GP)」という大型の補助金が受けられるようになりました。一〇月に決定し、次年度から四年間支給されるというのに活動が低調であるなどとは言っていられません。この補助金を申請するにあたり、図書館では膨大な量の事務処理に追われました。のみならず、学生からはイベントについて色々言ってくる、もちろん通常業務もこなさなければならない。図書館スタッフの負担はいかばかりでだったでしょう。けれども、採択には自信がありました。学生が主体となって、この二年間どれほど多くの企画をこなし、実績を上げたか。運動を始めてから、学生一人当たりの貸出冊数が私大平均の約三倍近くまで増えていたからです。詳細なデータもとってありますが、それらを持って採択前のヒアリングにも臨みました。読書離れはどの大学でも深刻な問題である上、学生主体の読書運動という新鮮さ、目標の高さが審査委員にも好意的に受け止められ、晴れて採択になりました。採択結果は色々な新聞に載りました。内容にまで言及してくれたところもあり、いかに読書に対する関心が高いかが実感されました。

GPに採択された大学は「ポスターセッション」というものに出なければなりません。これは一年かけて日本全国で開催されました。特大サイズの活動PRポスターを作り、そ

図 11　ポスターセッションのとき

の前に担当者が座って来場者の質問に答えるという形式です。私と図書館スタッフが手分けして何ヶ所かずつ参加しました。この写真は私が名古屋の会場で説明しているところですが、多くの来場者が足を止め、質問を投げかけていってくれました。質問に答えるうちに活動のヒントがみつかったり、こちらとしても得るところが多かったです。また、多くの人が興味を持ってくれたということが、自信にもつながりました。私たちの活動は、たとえ上手くいかない部分があるにしても、意味があることなのだと強く感じられ、地道で結果の見えづらいこの活動の大切さを再確認することができました。

補助金が支給されるからには、プロジェクトも充実させねばなりません。後に残るもの、そして「読書からの発信」を考えて、これまでの活動をアーカイブとして閲覧できるようにした、読書運動のWEBサイトを立ち上げました。論文と創作のコンクールを開催するようになったのもこの年です。潤沢な資金を得たことで、外部から先生をお招きしての豪華な講演会も頻繁に開くこともできるようになりました。

講演会の数々　二〇〇五年度

年度が変わり、二〇〇五年度のテーマは「ファンタジーを読む」です。講演会のラインナップは大変豪華でした。四月、トップバッターは『魔法使いハウルと火の悪魔』の翻訳者の西村醇子さんです。六月には、映画ロード・オブ・ザ・リングのエルフ語を担当された伊藤盡さんの「中世英文学、中世北欧文学に基づくトールキンのファンタジー」という講演会がありました。

目玉は大学祭で、『魔女の宅急便』の作者の角野栄子さんにお越し頂きお話を伺いました。

大学祭ということもあって、大変多くの来場者がありました。

後期は日本のファンタジーに目を向けることになり、日本文学研究の大御所、高田衛先生に「雨月物語」について語っていただきました。この時も来場者は大変多かったです。ラストの講演は、SFファンタジー評論家の小谷真理さんでした。「魔法の翼があったなら」のタイトルのこの講演会では、ファンタジー作品をフェミニズムの観点から分析したおもしろいものでした。ただ宣伝方法や開催時間の問題もあって、あまり来場者を集められなかったのが心残りです。

一月には、音楽学部とのコラボ企画も二つありました。音楽学部主催、声楽特別公開講座で「ファンタジーの世界――ドイツ・リートに現れる不思議な登場人物」というテーマで講演とコンサートを開催しています。さらには「第四回フェリスコンサート　音楽と文学の出会い・大正ロマンの魅力――懐かしい調べと詩人たち」という素敵なレクチャーコンサートをやっています。前者は、西洋のファンタジーと、それに取材したドイツ歌曲を取り上げ、文学と音楽の接点を探り、後者は、日本の近現代詩と歌がどう出逢うかという内容です。本学は、大学機能のほとんどが緑園キャンパスにあり、音楽学部の三、四年生だけが山手キャンパスに通っているため、音楽学部の上級生は、緑園で開催されることの多い読書運動に参加するのが難しいので、山手で音楽を中心としたレクチャーコンサートが開催されたことはとても良かったです。これらのコンサートによって、全学的な運動の名に恥じぬ活動ができるようになったと思います。これらは音楽学部教員の全面的な協力があってのことなので、深い感謝を感じています。

創作コンクールの開催

二〇〇五年度に初めて「随想コンクール」、「創作コンクール」を開催しました。「随想コンクール」は、「本を読んで考えたこと」のサブタイトルで数冊の課題図書から一冊を選んで読み、自由に論ずるというものです。なかなかの力作が集まりました。

「創作コンクール」は、詩、小説、戯曲を募集したところ、予想以上に応募がありました。賞金は高額とは言えませんが、そのかわり入賞作品を集めて一冊の本にし、入賞者に渡し、図書館にも置くことにしました。読書運動にふさわしい賞品だと思います。審査は大変でし

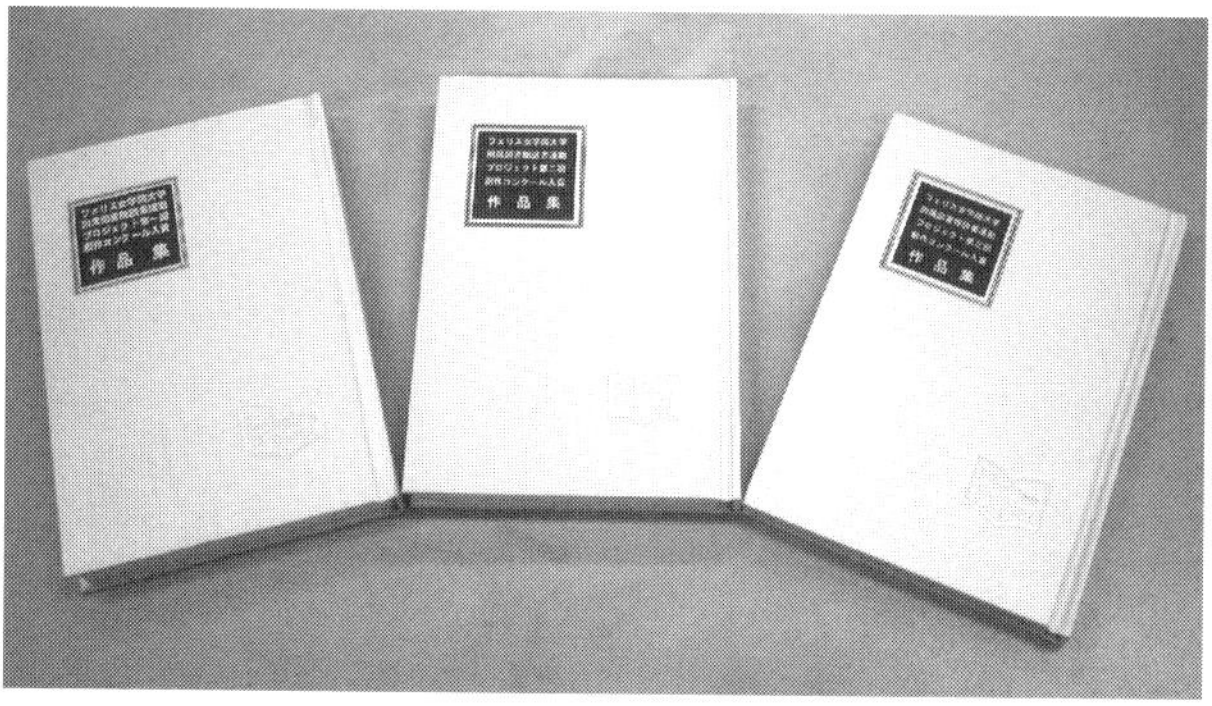

図12　創作コンクール入賞作品集

た。年末の忙しい時にドサッと送られてくる山のような原稿を、図書館運営委員の教員で手分けして読むのです。この年以来、毎年この二つのコンクールを開催していますが、年々応募作も増え、レベルも上がっています。中には、毎年欠かさず応募してくる学生もあり、その成長ぶりを見るのも楽しみでした。

「本の虫」ではなく

読プロは図書館が大好きな「本の虫」の集まりで、特殊なグループだと思われたくはありません。

図書館は大学に関わる全ての人のための施設です。そして図書館は大学全体のさまざまな興味や関心の絡まりの結束点として、大学全体を支援していきたいと思っています。図書館が大学のすべての活動にアンテナを張り、それに応えていこうとする姿勢を見せれば、図書館の存在に意識を向けてもらえます。さらにはその関心を読書運動につなげてもらいたいとも願っています。図書館がさまざまな行事をサポートするように、本学に関わる全ての人に、読書運動にも心を寄せていただきたいという気持ちです。

この年は「STOP！VAW──女性に対する暴力をなくすフェリスからのメッセージ」という、全学的取組みに、図書館、読書運動も協力しました。アムネスティ・インターナショナルの関係者でもある世界中のアーティストたちの作品を展示したり、ドキュメンタリー映画の上映会を行ったりしました。また、「フェリスの一冊の本」とは別立てで関係書籍コーナーを設け、関心を高めるようにしました。

この年の秋の「日本文学国際会議」のテーマ、「和歌の文化学」にあわせた企画展を行ったりもしています。その他にも、読プロと同じように文部科学省の補助金（「現代的教育ニーズ取組支援プログラム」）を受けた「エコキャンパスプロジェクト」の国際環境シンポジウム関連の展示をしたり、全学共同研究「ジェンダーを表現」に関して「白バラ一九四二─一九四三年ミュンヘン──ヒトラーに抵抗した学生たち」という大がかりな展示も行っています。それ以来学内の他のプロジェクトとの連携を随時行っています。

また、少しでも本や読書に興味を持ってもらいたいと、ガラスの展示ケースを四つほど購入し、図書館の貴重書や希覯本を展示したり、学内のさまざまなイベント、学会やフォーラム開催にあわせた関連図書の展示や、教員個人所蔵の珍本の展示なども行うようになりました。

読書運動プロジェクトによせて

「活字離れ」という言葉が近年声高に叫ばれています。原因としてネットの普及などが挙げられていますが、はたしてそれだけが原因でしょうか。私は、本と人間との関わり方にこそ原因があるように思います。その一例として、読書＝子どもに本を買い与えて読ませることといった大人側の誤った観念が挙げられます。この誤った観念が、強制を嫌がる子どもたちを、ますます「活字離れ」させていくといった負のスパイラルをも生み出しているように感じられてなりません。

そんな中で、フェリスの読書プロジェクト運動は大変意義ある試みだと思います。その意義とは、決して学生に対する読書への無理強いではなく、ごく自然な動機付けのガイドとして機能している点です。また、本を読んだら読んだだけで終わらせてしまうのではなく、今度は自分が書くという行為をもって読書力を未知なる力へと昇華できるようなシーンが多々用意されており、読解力のみならず文章力、表現力のレベルアップにつながっている点も素晴らしいと思います。私はずっと詩を作っているのですが、創作コンクールには詩の部門も設けられており、嬉しい限りです。

「好きこそものの上手なれ」と言いますが、自然な導入でもって抱いた興味はあらゆる面においてメリットをもたらすでしょう。国際化社会の今、真の国際人として世界で活躍するためには、日本文化に精通し諸外国の方にそれを紹介する力も重要なポイントになりえます。さらに他言語を習得する際にも有利に働くでしょう。なぜなら、日本語が上手に話せれば、本当に自分が伝えたい気持ちを他言語に置き換えるといった作業が容易にできるようになるからです。

時間軸を現代だけではなく、古代にまで遡らせてみるのもいいことだと思います。いつの時代にも閉塞感や苦痛を感じ、混沌とした世の中を生きてきた先人たちがいます。古典には、先人の知恵のかたまりがびっしりと詰まっています。それは物語であったり、和歌であったり、日記であったりとさまざまな形態で私たちに語りかけてきます。その声に耳を傾け、彼らがあらゆる苦難の中、どのようにして活路を見出してきたかを知ることで、混沌とした現状から抜け出す打開策が見つかるかもしれません。実際に本の表紙、背表紙、綴じ方、紙、墨、筆跡などには先人からのメッセージがたくさん込められています。

本は無限の可能性を秘めています。そして思考には果てがありません。これらに触れるチャンスがフェリスの図書館には随所にあるので、ぜひ一度いらしてみてください。

最後に、ちょっぴり本が苦手な方へ、小さな時に食べられなかった物が、大人になったある日突然好物になるのと同じように、何となく近づきにくかった本が、案外読まず嫌いだったなんてこともあるかもしれません。

（創作コンクール詩部門四年連続入賞　人文科学研究科博士前期課程二年　金井由貴子）

二〇〇五年、ファンタジーという難問

少し前に、『ハリーポッター』シリーズ、『ロード・オブ・ザ・リング』シリーズ、『ハウルの動く城』などの優れたファンタジー映画が多く公開されました。読プロでもいくつかの映画上映会をしましたが参加者も少なく、今一つ盛り上りに欠けました。

この年の前期に、今まで長いこと読書運動の中心としてがんばってくれた図書館スタッフが退職し、担当がまだフェリスに来て一年たっていない新人にかわりました。事務的な引継ぎやら何やらで、最初はなかなか難しかったのですが、新しい担当者は学生に対する指導が非常にうまく、また、彼女自身もとても読書家で、学生に色々な本の話をしてくれました。加えて彼女の生き方それ自体が学生のお手本になるような人で、とてもいい雰囲気で学生を統括してくれました。

学生と図書館の関係がよくなったのは大きな収穫でしたが、ファンタジーというテーマがあまりに漠然としすぎたためか、努力が空回りしている感じの一年になってしまいました。二〇〇五年はファンタジー全般について理解を深めようと、あえて「フェリスの一冊の本」

を決めませんでした。結果として活動内容がバラバラになり、例年のように一つのテーマを突き詰めることができなかったことが残念です。また、特色GPに採択されたことで成果を出さねばばと焦りすぎたことも一つの要因かもしれません。

具体的に読んだ作品は、『指輪物語』、『魔女の宅急便』と『雨月物語』です。次年度はファンタジーでいくと決めたのは、前年の秋のことでした。翌年のテーマ、ファンタジーを視野に入れ、英文学科非常勤の伊藤盡先生、日本文学科の佐藤裕子先生、それから学生メンバーと私で、ファンタジーについて、自由に語り合う座談会を開きました。時間が全く足りないほど白熱し、大変おもしろい会でしたが、以降継続して行われることがなかったのは残念です。この年の失敗は、読書会を開催しなかったことによる部分も大きかったかもしれません。

ファンタジーは分かるはずだという思いこみ

大学祭の時の角野栄子さんの講演と、雨月物語について語って下さった髙田衛先生の講演をのぞいては、この年のイベントには人があまり集まりませんでした。いつも気軽に読んでいるものだから、わざわざ勉強会などに出席しなくてもわかると学生は思ったのかもしれません。私は面白いテーマだと思っていましたが、そのおもしろさを学生の気持ちを引き付けるようなかたちで提示する、しかけの力が弱かったと思います。

いい講演なのに学生が来ないとしたら、それは宣伝力の問題です。またいくら読プロメンバーや私たちがおもしろいと思っても、一般学生にとっておもしろくなければ、それは学生のニーズに合わないということであり、企画段階でのミスと言えます。

が、うまくいかなかったイコールだめだったというわけではけっしてないのです。この年の失敗は、次年度に実を結びました。もうちょっとこうすればいいのにと思いながら活動を見守っていた下級生が、翌年は力をつけ、活動を盛り上げていくなど、何年間の積み重ねがここで急に花咲いたように感じました。

新しい本と出会うために

活動をはじめて四年、私自身にとってこの読書運動が何だったかということも考えました。

もともと本が好きで、読書が好きで、この読書運動にも力を注いできましたが、読書運動に携わってから自分の読書傾向が明らかに変わってきたとも思います。年度テーマに関係する本は、しっかり読んでおこうと決心もしましたし、若い人向けの書評誌をチェックするようにもなりました。新刊や話題作も買い、良い本との出会いや、良い本を発掘するとはどういうことかと、いつも考えるようになりました。

年々頭がかたくなって、同じような本しか読まなくなってきた自分にとって、読書運動は新しい本との出会いの場を提供してくれました。そのたびに頭がリフレッシュされていくのを強く感じました。

この年はたくさんのファンタジーを読んで非常に面白かったし、「何より今という時代を呼吸している」と年度報告書にも書きました。私は『源氏物語』をはじめとする古典の研究者ですが、同時に「今」に生きたいという思いが強くあります。古典を研究するということと、ファンタジーを読むということが同時に平行してあるような、そういう発想を身につけていきたいと改めて感じました。これはこの年の運動の自分なりの成果だと思います。

活動全体としては盛り上がらなかったとはいえ、途中から参加してくる学生がいたり、またそのうちの一人が積極的に読書運動を担い、読書からの発信の中心となっていったのも印象的です。

この年から始まった創作コンクールにも読プロの学生メンバーの何人か応募してくれました。中には毎年応募してくる学生もいて、そのうちの一人はついに卒業の年に、小説部門の第一席を取りました。読書運動の縁の下の力持ちとしてだけではなく、あまり自分を外に出さなかった学生が朗読発表会や創作や、随想コンクールなどで才能を開花させていったのはすばらしいことだと思います。

この学生は年度報告書に、「今まで表舞台に立つことを極力避け、裏方であろうとした自分が、参加者として朗読し、作品を応募することができたのは進歩だった」と書いていました。彼女は次年度、読プロのサブリーダーとなり、リーダーを支え、メンバーをまとめ、よくがんばってくれました。

さらには、この年のリーダー、サブリーダーはオープンキャンパス（高校生向けの大学説明会）での説明係も担当していて、高校生にも積極的に読プロを紹介してくれました。読書運動のポスターは大学中に貼られているので、オープンキャンパスで見学に訪れた受験生にはそれが印象的だったようです。

読書運動を始めて以来、入試の面接で「読書に力を入れているから志望した」「本が好きだから志望した」という受験生が目に見えて増えました。そういう受験生が合格すると早速読プロに入りませんかと声をかけます。このサブリーダー自身もそうしてメンバーになった学生でした。いい循環ができているなと実感しました。学生から学生へと読書の輪が広がってきたんですね。

本当に好きなこと

活動を振り返ると、それまでの自分では考えられないぐらいによく動いたなという思いが強く感じられる。創作コンクールにしろ、朗読にしろ、今までの自分であれば他人事のように聞き流していたのではないかと思う。けれども実際に参加することで、評価を頂くこともあり、さまざまな面で学ぶことができた。きっかけがあれば動くことができる自分を見つけられたことは、確かな成長の一つであったと思う。

読書が趣味、というとどこか少し負の印象を持たれるように感じる。それは内向的だと判断される故か、或いは無趣味を誤魔化して読書としていると誤解される故か、わからない。強い先入観が社会にあることは確かだと思う。けれども、読書が趣味であるということにためらいを持たずにいよう、と活動を通じ思えるようになった。開き直るぐらいの強さを持てる根拠を、読書運動の活動で得たと思う。春に卒業し社会人になってからはなかなか読む時間が取れない。だから休みに読書をするのが至福だというと、怪訝な目で見られる。それぞれの至福の方法があって、それは私には読書であると今ならば自信を持って告げられる。

色々な個性を持った仲間たちと協力し合い、さまざまな問題を考えながら活動した時間は貴重であった。物語にはそれぞれの世界がある。とすれば、この世界には幾千万の世界が存在している。それは本当に素晴らしいことだと思う。社会人になった今でも、もちろん読書を続けていきたいと感じているし、また未知の本に、世界に出会い続けていきたいと思っている。

（二〇〇六年度　読書運動プロジェクトサブリーダー
日本文学科卒　佐々木かおる）

フェリスに来たころ

二〇〇四年九月に、派遣スタッフとして、フェリス女学院大学附属図書館に勤務し始めた。最初の仕事は雑誌関係だった。

隣の席の人がちょうど読書運動の担当であったので、手伝いがてら話を聞いた。皆で一冊の本を読む活動、本の話をする場を作る活動を学生が率いているとはたいしたものだと思ったが、担当者の表情は難しい。学生と教員と事務方の息が合わないのだと言っていた。

私が読書運動の担当になったのは、二〇〇五年の夏、彼女の退職にともなってのことだ。

最初はどうしたらいいか全くわからなかった。話を聞き引継ぎを受けたにもかかわらず、運動の全貌がまるで見えてこない。とにかく中心となるのは学生なので、図書館は暴走しないように注意して見ているようにとのことであったから、私は、学生メンバーから何か投げかけてくるのを待っていた。

読書運動はすばらしい活動だと思う。教職員からの押しつけでなく、学生が自主的に取り組んでいるということが特にすばらしい。だから、参加している学生はやる気があり、特別に才気煥発で、暴走するほどがんばるのだろうと思っていた。予想は外れた。彼女等は活動に希望をもっているようには見えず、こちらから働きかけをしなければ、何も進まないこともすぐにわかった。また、学生メンバー、図書館スタッフ相方共に遠慮があるように感じられた。初期のころに学生メンバー、教員、図書館スタッフの間で、かなり深刻な意見の対立があり、中心となる学生メンバーが抜けてしまった事は聞いていたから、それが原因なら担当がかわった今が建て直しのチャンスかもしれないと思った。強力にテコ入れしたかったが、私は派遣スタッフである。決められた仕事以外はしてはいけないのが派遣という立場だし、また、職場一の新人でもあった。

学生のやる気をはかるのが難しい。また、印刷してくれと持ってきたポスターやら、読書運動通信（機関紙）

用に書いてきた文章なども、私にはやっつけ仕事に見えたし、デザインや、文章の訂正を求めると、怒り出す学生もいて手を焼いた。彼女等は好きで取り組んでいるのではないのか、彼女等にとって読書運動は、図書館の活動をボランティアとして手伝ってやっているという気分なのだろうかと、もどかしい気持ちになった。

私は攻めあぐねていたが、とにかく学生と教員と図書館員の信頼関係を回復させようと思った。

この年は、前任者が心血を注いだ文部科学省の「特色ある大学教育支援プログラム」に採択された年だったから、活動が停滞するなどということはもってのほかであった。おりしも年度テーマはファンタジー。好き嫌いが分かれるジャンルだ。メンバーにやる気がなく、テーマに難しいものがあれば、一般学生の食いつきがいいわけがない。

テーマ選択のミスに、担当者交代もかさなり、なんの成果の出せなかった。うまく機能させられないのは自分の責任だという、まとまりのないクラスの学級委員をまかされた気弱な優等生じみた気分になりながら、初担当の二〇〇五年度をすごした。

（読書運動プロジェクト現担当　図書館職員　鈴木明子）

読プロミーティング室のオープン

がんばっている学生メンバーには、プロジェクトがスタートして以来の悩みの種がありました。それは、いつでも集まれる部室のような場所がないことです。ランチミーティングをしようにも昼食を持って空き教室をさがしてまわらねばならず、特に大学祭の前などは落ち着いて準備する場所がなくて困っていました。そこでこの年図書館と協議して、館内にあるグループ学習室の一つを読プロの部屋にすることになりました。普通、図書館は飲食禁止です。本学でも一般の学生から見えるガラス貼りの部屋でランチミーティングするのはいかがなものかという意見がありましたが、読プロメンバーにはミーティングの時以外は絶対に館内で飲食しないことを厳守させ、利用を許可しました。特に問題もなく、また、読プロの拠点ができたことでメンバー同士の交流も深まり、良かったと思います。

図書館にできた拠点

読書運動プロジェクトのメンバーは、週に一度のランチミーティングで活動についてのあれこれを決めているが、部活動ではないがゆえに部室が与えられず、イベントや大学祭前などは、メンバーは備品を持って空き教室を渡り歩くような状態で、見ている方も気の毒だった。何とかしてやりたかったが、図書館としてみれば、館内で飲食するなどもっての他、打ち合わせがヒートアップして大声になるのも困る。何より、学生メンバーがルールを守ったとしても、飲食する姿を見せると、他の利用者に悪影響があるのではないかと思った。だから私は、グループ学習室の一室を読プロのミーティングルームにすることに決まったとき、マナーが乱れることを危惧して、しつこいほどルールを守るように言った。

ランチミーティングは担当者である私も参加している。さすがに私は事務室で食事を済ませているが、学生メンバーは、おちついて昼食を取りながら話し合いができる場所ができたことをとても喜んでいた。また、狭い部屋で一般学生に多少は遠慮しながら食事をすることで、なにやらメンバー同士の結束が固くなったようにも感じる。

（読書運動プロジェクト現担当　図書館職員　鈴木明子）

図 13　読書運動の部屋にて（提供　朝日新聞社）

二〇〇六年度に入って

二〇〇六年度の「フェリスの一冊の本」は宮沢賢治の『銀河鉄道の夜』でした。年度の初め、一年の活動計画を立てるときに、昨年度は読書会が充実していなかったのがよくなかったという意見が出たので、今年度は毎月一回必ず読書会をすることになりました。ナビゲーターの先生を一人お呼びして、昼休みに昼食をとりながら自由に意見を述べ合うこの読書会は、月々の開催日はいつか、課題図書は何かと、問い合わせが来るほどの盛況でした。一冊の本を共有し皆で理解を深めていくことの楽しさを堪能することができたのは、この年の大きな収穫です。

また宮沢賢治は大変言葉の美しい作家ですから、朗読にも力を入れました。本学のオープンカレッジ（生涯学習の講座）にちょうど宮沢賢治のクラスがあり、受講生の中に花巻出身で花巻弁で賢治作品を読むコンサートを何年も続けておいでの野口田鶴子さんとおっしゃる朗読のセミプロの方がいましたので、講師の吉田文憲先生にレクチャーをしていただき、その方に賢治の詩を読んでいただいて、講座の一回を「永訣の朝――朗読とレクチャー」と題した公開講座にしました。

この講座は二〇人前後の受講生がいましたが、この時の来場者はなんと九二名。読プロの学生メンバーはあちこちの教室をかけまわって椅子をかき集めねばなりませんでした。嬉しい誤算です。

このイベントが七月の初旬で、その二週間後には女優で朗読の大家幸田弘子さんをおまねきして、『よだかの星』を読んでいただきました。大変迫力のある感動的な読みで、会場のチャペルは割れんばかりの拍手でした。

九月下旬には朝日新聞の取材も入っています。ちょうど次年度の課題図書とテーマを決める時でした。一時間以上にわたるミーティングの取材記事が写真とともに「夢への扉開こう」のテーマで大きく掲載されたのは、二〇〇六年一〇月二九日付けの第二部別刷特集「大学専門学校を目指すあなたへ」のコーナーでした。フェリス以外にも「特色ある大学教育支援プログラム」に採用された大学はたくさんありますが、本学ほど大きな記事になったところはないようです。読書への関心の高さ、学生主体のこの活動が世間に認知されたことは、本当に嬉しいことでした。この時に決まった二〇〇七年度の「フェリスの一冊の本」はあさのあつこの『バッテリー』、テーマは「児童文学の現在――大人と子ども・消えるボーダーライン」です。

さて、話を二〇〇六年度の活動に戻しますと、賢治は言葉がすばらしく、内容も深いので、読書会で細部まで掘り下げて読むにも、朗読したりするにも向いています。ですから、この年のイベントは何をやっても盛り上がりました。大学祭での講演会は賢治作品の漫画化をいくつも手掛けている、ますむらひろしさんにお願いしました。「銀河鉄道の夜――その底なしの不思議さ」と題されたその講演は、ご自身の漫画をはじめ、たくさんの絵を映写しながら文学とはまた違った観点からのお話が大変楽しく、質疑応答も活発で、アンケートの自由記入欄に収まりきらないほど熱い感想を書いてくれた来場者も大勢いました。

年度末には一年の総決算として、「風の又三郎・レクチャーと音楽」というコンサートを行っています。文学部教授宮坂覺（現学長）先生の講演、ソプラノ歌手で音楽学部教授の平松英子先生がフェリスの元短大講師山田一雄さんの作曲した賢治作詞の『風の又三郎』などを歌い、講師のラファエル・ゲーラ先生が講演会のテーマに合った曲をピアノで演奏されました。そこに学生の朗読を合わせて、大変ぜいたくな時間ができあがりました。

活動の多彩な華やかさという点では、二年目の宮部みゆきが一番でしたが、二〇〇六年度は、賢治の作品にじっくり取り組んでいくうちに、学生のレベルが全体として上がってきたことを実感できました。たかが読書会と思うなかれ、現代の学生は互いに自分の読みをぶつけ合うチャンスが少ないせいか、とても楽しんでいたようです。図書館のスタッフと学生の関係も良好で、一般の学生まで巻き込んだ活動も上手くいき、充実していました。

この年は絵の描ける学生がいたので、読書会や創作コンクールのポスターがとてもきれいだったのが強く印象に残っています。

色々なことを提案してくる学生の多い年で、お勧めの本にポップをつけて展示したら貸出冊数が伸びるのではないかという意見も出ました。さっそくやってみたところ、ポップのついた本はいつも貸出中になり、予約が二人三人とついたりもする。たいしたものだと思いました。学生メンバーも、ポップのついた本のところにはいつも誰かが立ち止まって本を手にとっていることが、ずい分嬉しかったようです。

二〇〇七年度　続けていくことの重要さ

さて、あさのあつこの『バッテリー』を「フェリスの一冊の本に」に、「児童文学の現在――大人と子ども・消えるボーダーライン」をテーマに動きはじめた二〇〇七年度ですが、この年のリーダーは図書館の本にポップをつけて展示することを思いついた学生でした。

彼女は大学から二駅ほどはなれた所にある書店（ブックス二宮）でアルバイトをしていましたが、その店のオーナーは地域の読書活動に積極的に取り組んでいる方だったので、くだんの学生を通して、その方に我々の機関紙『読書運動通信』への寄稿をお願いしました。そればかりでなく、その方は店内に読プロイベントのポスターを貼らせてくれたり、チラシ

図 14　サイン会のようす

を置かせてくれたりと、開かれた読書運動に一役買ってくれ、大変ありがたいことでした。

前期は、あさのあつこの『バッテリー』を取り上げて読み始めましたが、どうも活動がパッとしませんでした。大学祭にはあさのあつこさんご本人をお呼びしようと、図書館では早い時期から動きはじめていました。しかし、出版社との交渉が難航し、困っていたところで梨木香歩さんが来て下さることになりました。

梨木さんは、まさに「大人と子どものボーダーライン」上の作家で、読プロメンバーにもファンが大勢いました。そこで、図書館の読プロ担当のスタッフが版元に打診してみると、梨木さんはちょうど『考える人』誌に「渡りの足跡」というエッセイを連載中で、たまたま、一九七三から一九八〇年まで本学の学院長をつとめた宮本武之助先生を取り上げるため、資料をさがしていらっしゃったところでした。ふだんめったに講演会などを引き受けないが、これも何かのご縁でしょうと、講演会ではなく朗読会ならと、来て下さることになりました。

朗読会では『家守綺譚』の中の何編かと、未発表の新作を読んでくださったので、会場は大いに沸きました。来場者数も大変多かったです。三三六人定員のホールに入りきらないほどでした。サイン会も長蛇の列で、二時間以上かけて、一人一人にていねいにサインをして下さいました。

市内の読書ボランティア団体と連携する

もう一つの成功事例は、横浜市読書フェスティバルへの招待参加です。前年度、朝日新聞に取り上げられたことで、フェリスの読書運動の知名度が大きく上ったようで、横浜市教育委員会から打診を受けた時は嬉しかったです。さっそく「朗読のレッスン」の授業担当の

図15　「横浜市読書フェスティバル」での読み聞かせのようす

鈴木千秋先生と、音楽学部の平松英子先生、落合敦先生にお願いし、夏休みあけから「朗読演奏会」の練習を開始しました。作品は年度テーマに合わせて、あさのあつこの最新作『ランナー』にしました。片思いをしている少女の胸の高鳴りと切なさを、生々しく、けれども美しく描いた章を、ヒロインの年に近い学生が朗読し、音楽学部の学生がぴったり合った曲をバイオリンとピアノで演奏するというこの試みは、来場者にも大好評でした。会場となった横浜市中央図書館のこじんまりとしたホールは雰囲気もよく、とてもすてきでした。

読書フェスティバルは、二〇〇五年に策

定された「横浜市子ども読書活動推進計画」のもとに、教育委員会が主催し、「ＮＰＯ法人横浜市民アクト」と、子供の読書活動に携わっている市民との協働で開催されているイベントです。母親世代中心の団体が多い中、フェリスの読プロは、風穴をあける存在として新鮮であったようです。参加した学生も、授業の中や、イベントの前座としてするのとはちがった手ごたえを感じられたことでしょう。とてもいい体験をさせてもらえたのは、ありがたいことでした。この活動をしていて一番の喜びは、学生一人一人の成長を実感できたときですから。

読書推進のために

二〇〇五年一二月に策定された「横浜市子ども読書活動推進計画」の元に、市内各所で実施されたさまざまな事業の一環として、二〇〇六年から「読書フェスティバル」が行なわれてきました。フェスティバルは横浜市教育委員会の主催事業で、NPO法人横浜市民アクトと子どもの読書活動に携わっている市民との協働で実行委員会を作り、併せて横浜市小学校図書館研究会とも共催しているイベントです。

「フェリス女学院大学附属図書館読書運動プロジェクト」に、二〇〇七年度初めて招待参加していただき、「ランナー——薄雲の下で　朗読・演奏会」を中央図書館ホールで楽しみました。二〇〇七年度は「読書運動プロジェクト」に、朗読チームと読み聞かせチームができ、朗読チームにはホールで『夢十夜』と『家守綺譚』を語っていただき、読み聞かせチームには、おはなしの部屋で読み聞かせを行なっていただきました。毎年フェリスの学生さんたちの発表は真摯な姿勢が初々しいと好評です。

また、今年は附属図書館主催の「製本講座」や大学祭でのイベントに、アクトや実行委員が参加させていただき、交流を深めました。

「フェリス女学院大学附属図書館読書運動プロジェクト」の活動は、学内だけではなく地域にも目を向け広がりのある活動だと思います。今後ともどうぞよろしくお願いします。

（NPO法人横浜市民アクト理事長　福島伸枝）

特色ＧＰの現地調査が来る

そうこうしているうちに、補助金の現地調査が入りました。交付期間四年のうちの三年目だったので、これまでの活動について精査されました。資料をそろえるために、図書館はてんてこまいです。調査委員は、補助金交付のための審査をされた方が来られるはずでしたが、別の方がいらっしゃったので、二時間ぐらいかけて説明しました。始めのころは、はかばかしい反応のなかった方々が、一時間半すぎたころから、だんだん理解と共感を示して下さり、最後はお褒めの言葉やアドバイスまで頂戴しました。そのあと、学生へのヒアリングがありました。教員も図書館スタッフも同席しない場での聞き取り調査ですから、一体どんなことが話されたのやら。うかがい知ることはできませんが、自分の体験してきたことを思ったとおりに話して、読プロの存在意義を明確にしてくれたにちがいありません。

二〇〇七年度の活動を振り返って

本年度はリーダーになったこともあり、自分の中に「改革とチャレンジ」という目標を立てていました。先輩達が守ってきた読プロ。私は、大好きな本を人に広めることができるこの活動をとても大切に思っていました。だから、私もできることをしようと考えたのです。しかし、正直なところやり残したことだらけのような気がします。

読プロ内部の改革

前年度はリーダーだけに頼ってしまった感があったので、もっとみんなで仕事を分担しようと、担当制にしました。一人一人に責任感を持って活動をしてもらうためです。しかし、兼部者の多い中では少しハードルが高い目標であったと言わざるを得ません。結局、部活動があまりいそがしくない人に仕事が集中してしまいました。私自身がもう少し気を配ってあげられればよかったのかもしれません。メンバーそれぞれの特性を見極めたうえで、タイミングよく指示を出すことが、リーダーとして重要な仕事だったと思います。あまり上手くいきませんでしたが、いろいろな発見があったので、来年度に引き継ぎたいと思います。

今後の「読プロ内改革」としては、同学年のメンバー同士で助け合うことができるよう、「大変だから手伝って」、ともっと気軽に言える環境を作っていかなければならないと思いました。

チャレンジ精神

「読プロ」の知名度は、いまだにあまり高いとは言えないと思います。「読プロ？何それ？サークル？」などという声を聞いたのは一度や二度ではありません。この状況を打開するためには読書会などのイベントポスターだけではたりないと思います。もっと、「人の言葉」として伝えていくことが大切だと私は考えました。実際、イベント前にキダーホールなどで宣伝をするなど読プロの活動を知ってもらう努力をしました。しかし、企画自体が頓挫してしまったこともありました。たとえば映画上映会は、会場の機材の不調で開催することができなくなってしまったのです。

そんな中で、私は、「次を考え、挑戦すること」の大切さを痛感しました。新しい企画や、失敗した時、次に何をするべきかを考えることはとても難しいことですが、考えなければいけないことです。それは、読プロをよりよくするために必要でもあるし、ふだんの生活でもいえることだと思います。次を引っ張っていく読プロメンバーは、ぜひ次を考え挑戦する姿勢を持ってほしいと思います。

（二〇〇七年度　読書運動プロジェクトリーダー
日本文学科卒　高松彩子）

奇麗ごとではすまされない

ただ本を読むことを勧めるのがどうしてこんなに難しいのか、そればかり考えて、この一年は終わってしまった。企画したイベントになかなか人が集まらず、学生メンバー、スタッフ共々、悩みながらの活動だった。

学生には本よりももっとほかに興味のあることがあるのだとか、本好きな人は読書をするし、そうでない人はしょせん本など読まないというのは、自分に対する言い訳だ。今年の活動が今ひとつ盛り上がりに欠けたことについて、反省すべき点は多々あるが、一番はリサーチの甘さだろう。学生が今何を知りたがっているか、どの時間帯にイベントを組めば参加がしやすいか、どんな媒体から情報を得ているか、等々の調べ方がたりないのがいけなかった。

それは宣伝、広報にも言えることで、本を読むとどんなメリットがあるか、読書運動に参加したら何が得られるかを伝えきれなかったことが残念だった。

今年度は、あさのあつこ著『バッテリー』を課題図書とし、「児童文学の現在――大人と子ども・消えるボーダーライン」をテーマとしたが、はたしてそれは学生が読みたい本であり、知りたい内容であったか、今となると首をかしげざるを得ない。もちろん年間テーマは教職員からのおしつけではなく、読書運動プロジェクトの皆で話し合って決めたことではあるが、アンケートや人気投票などの機会を増やし、さらに広く一般の学生の意見を求めるべきだった。

私たちの読書運動は、読書のきっかけ作りを目標としている。児童文学である『バッテリー』は、大学生にとっては、あまりにも簡単に読める本だったかもしれない。実際にこの小説を読んでみると、いろいろな問題提起のある、とても一口に易しいとは言えない本なのだが、文体の平易さからか、わざわざ読書会に参加してまで皆で意見交換をすべき内容とは思われなかった可能性がある。また女子大の読書運動で、中学生が主人公の野球小説が妥当な課題図書であったかというと、やはりもう少し考えるべき点であったろう。

これらの問題点は来年度に生かすとして、今年の良かった点についても考えてみたい。今年度は、十一月に行われた横浜市読書フェスティバルに招待されるなどフェリスの読書運動が世間に認知されているということを印象付けた年でもあった。

横浜市から、フェリスの読書運動の成果として朗読会かお話し会をしてもらえないか、と打診を受けたときは驚いた。色々と苦戦続きのこの運動が横浜市教育委員会と中央図書館にまで知らされているとは思いがけないことであったからだ。

さっそくプログラムを「朗読演奏会」とし、作品はあさのあつこの『ランナー』より「薄雲の下で」と決め、メンバーをつのり猛練習に入った。読書運動関連授業の「朗読のレッスン」の講師の鈴木千秋先生に朗読の指導を、選曲を音楽学部准教授の落合敦先生にお願いし、毎週月曜日の五時限に練習を続けた。その甲斐あって発表は満足のいく出来になり、来場者の好評も得られた。

読書運動は地味で、なかなか手ごたえの得られない活動であるが、こうして外部にも認知されているのがわかったこと、学外の会場で一般向けの公演を成功裏に終わらせたことで、メンバーにとっては大きな刺激になったのではないかと思う。

が、学内で同じ発表会をしてみるとやはり人が集まらないのだ。たとえそれがどんな崇高な理念によって支えられていても、おもしろくなければ人を集められず、また続かないのは自明の理である。逆にたいへんなことでも、やりがいや手ごたえが感じられれば、やりとげられるのもたしかだ。楽しいミッションとやりがいのあるミッションと効果的なミッションは違うのだとつくづく感じる。その三つを上手く融合させ、結果につながる活動をするにはどうしたらいいか。ずっと考えているのに答えの出ない問題を、さらに継続して考え続けなければならないことは、思考の迷路に入り込むようで苦しい。だが思考停止してしまったらそこですべてが終わってしまう。

来年度の「フェリスの一冊の本」は安部公房の『壁』である。死後十年以上経過し、未だファンは多いといえども、現在流行中というわけでもなく、かつまた非常に難解な作家を、今なぜ取り上げるのか。

「謎の世界に飛びこめば……」というテーマにこそ、私たちの気持ちが現れている。難しく、わからないからこそわかりたい、本気で文学に取り組んでみようというのが、今年度の反省を踏まえた上での気構えである。このテーマは、今年度以上に学生をひきつけるのが難しいかもしれない。が、安部公房は本気で読めば、好みの差はあれども、おもしろい作家であることは確かなことだ。活動の成功の鍵は宣伝、広報のしかたにかかってくるだろう。図書館では、貸し借りの際に安部公房の魅力を伝えるしおりの発行や、イベントスケジュールを記したチラシの配布を考えている。図書館員や読書運動プロジェクトのメンバーのみならず、読書推進は大学全体のミッションであるという、活動開始当初のありかたに立ち返り、教職員全体の協力をお願いしたいと思う。

難しく、面倒で、木を育てるように地道に活動するしかない読書運動。が、自分達でイベントを企画し司会をし、自分達で文章を書いて機関紙を発行するという、メンバー手作りのこの運動は、参加した学生の将来に必ず役に立つと信じている。文部科学省の特色ある大学教育支援プログラムの補助金交付期間は二〇〇八年度をもって終了するが、私たちの活動は続く。

読書は計量できない。図書館の貸出冊数などで、一喜一憂することはないのだ。性急な答えを出したがらずに、学生が大人になって大学時代を懐かしんだときに、読書運動を思い出し、それがきっかけで本を読むようになるというのも読書の浸透にはちがいないだろう。斜陽と言われて久しい本の未来に、すぐに答えが出せないように、読書推進の答えも急には出ない。ゆっくりがんばろう。あきらめて止めてしまうのが、一番悪いことなのだから。

(読書運動プロジェクト現担当　図書館職員　鈴木明子)

読書シンポジウム

この年は年末に「読書シンポジウム」を開催しました。特色ある大学教育支援プログラムの補助金の給付期間は四年間ですが、三年目に総決算的なシンポジウムを開いたのは、シンポジウムの成果を四年目の活動に生かした方が、最終年度に大きな結果が得られるのではないかと思ったからです。

タイトルは「読書シンポジウム・今図書館に求められるもの――コンピュータ時代の図書館と本」にしました。

一二月八日開催のこの会は、ゲストに筑摩書房の松田哲夫さんと、和光大学教授の津野海太郎さんをお招きしました。

和光大学の前図書館長の津野海太郎さんは、和光大の読書運動の強力な推進者で、WEBサイトでもさまざま読書運動の広告をされ、本学でも参考にする場面が多くありました。また『本とコンピュータ』という雑誌の編集長もされていましたので、「コンピュータは読書を変えるか」というタイトルでご講演いただきました。

図16　シンポジウムのようす

松田さんは、筑摩の名物編集長で王様のブランチでも有名です。私が個人的に氏の著書の愛読者だったことと、本の作り手、本を読ませる仕掛の作り手としてのお話をうかがいたいと思いお招きしました。演題は「出版界と読書の現在」でした。

図書館に関心がある人たちに大勢来ていただきたいと思ったので、ポスターもたくさん作り、ダイレクトメールも六百通近く発送しています。来場者は七十名程度でしたが、前夜祭として音楽学部主催の声楽特別公開講座「大人と子ども――消えるボーダーライン」と題したレクチャーコンサートを開催したり、シンポジウム当日は学生メンバーによる「わたしたちのあゆみ」展示発表会を行ったりと、本好きの人にはとてもおもしろいシンポジウムになったと自負しています。

この年の秋から冬は、学生メンバー、図書館スタッフ共々、本当によくがんばってくれました。

文化の日に大学祭、二週間後に横浜市読書フェスティバル、その後文部科学省の現地調査が入り、それから一二月八日にこのシンポジウムです。この間、『バッテリー』の読書会を二回開いていて、私がナビゲーターをしました。この頃は、忙しすぎてほとんど寝ていなかったような気がします。私は他に本学主催の日本文学国際会議の仕事もありましたし、シンポジウムの前夜祭のレクチャーコンサートの準備もしなければなりませんでした。私事ですが、夫が亡くなったのもこの年の秋でした。脱け殻のようになりながら、読書運動に打ちこむことですべてを忘れていた日々だったことを思い出します。

学生は授業の合間をぬって朗読や大学祭の準備をし、シンポジウム用の展示物や来場者からの質問を受けても困らないように過去の活動のおさらいをしたり、開会の辞、閉会の辞、司会、皆学生がつとめました。図書館は図書館で、ありとあらゆる手配、段取りをし、資料をそろえ、各方面に連絡をし、外部交渉し……、その他表に出ない苦労が山ほどあったと思います。これらはすべて通常業務をこなしながらであったことに、図書館の読書に対する危機感と読書推進への意気込みを感じます。忙しすぎたから、というわけでもありませんが、反省すべき点がいくつかあったのは事実です。筆頭はゲストのお二人と事前打ち合わせをする時間が充分に取れず、タイトルと各講演者の話の内容に多少ずれが生じてしまったことです。お話自体は大変おもしろいものでしたが、タイトルどおりの内容を期待された方にはものたりない部分があったかもしれません。

質疑応答のときに、「フェリスという小規模大学の体力でこんな活動をやっていかれるのか」という趣旨の質問がありました。そのとき私は「できることをやっている」と答えたのですが、大学の規模が小さければ小回りがきくし、学生一人一人にも目が届きます。一致団結するにはあまり大きな組織でない方がいい。だから、読書運動のような活動はむしろ小規模大学の特性を生かした活動と言えると思います。（このシンポジウムについては報告集を刊行しました。必要な方はフェリス女学院大学図書館までご連絡ください。）

また、これはシンポジウムが終わった後の個人的な場面でのことですが、津野海太郎さんが本学の読書運動を高く評価してくださったことが、大変うれしかったです。学生メンバーと図書館スタッフの苦労もこれでむくわれたような気がしました。

学生の活動展示も好評でした。休憩時間には多くの人が足を止め、近くにいる学生メンバーに質問したり、学生も緊張しながらも手ごたえを感じたと思います。惜しむらくは、来場者数がそれ程伸びなかったことです。この年の一二月八日は各地でさまざまな催しのあった日で、そのために来場者が少なかったということもあるかもしれません。が、ダイレクトメールの発送先が適当であったか、WEBを活用できていたかどうかなど、もう一度宣伝に

読書シンポジウムについて

二〇〇七年一二月八日(土)に、これまでの活動の集大成ともいえる読書シンポジウムを開催した。

和光大学から表現学部教授で前図書館長の津野海太郎先生と、筑摩書房専務取締役の松田哲夫氏をお招きし、図書館、読書というものに対する熱い想いを語っていただいた。学外からの参加者もあり、さかんな質疑応答も行われ、盛況であったことは準備に長い時間を費やし、人は来るだろうか、悲観的な未来しか見えないのではないだろうかと、頭を悩ませてきた我々スタッフにとっては非常に喜ばしいことであった。

が、読書や今後の図書館のあり方について、当然のことではあるが、答えはでなかった。読書を推進するという この地道な活動は、結果を計測できないところがつらい。まだ若く経験もない学生メンバーにしてみれば、このシンポジウムで、自分たちの活動が徒労ではないという、太鼓判をもらえると思っていたかもしれない。これから図書館や出版文化や読書がどうなっていくのか、私たち図書館員でさえ一抹の不安を抱えながら仕事をしているものを、まだ二〇年前後しか生きていない彼女等が、在学中に結果が見えなければ効果はなかったと早とちりしてしまうのも無理はない。私にしたところで、大学図書館という狭い場所にあって、学生の代替わりごとに同じループの上をグルグルまわっているだけなのではないかと思うこともあった。だが、だからこそ、本が好きだ、読書の輪を広げていきたいという、その思いだけで活動している学生メンバーを支える我々図書館員の側がゆらいではいけないのだ。

このシンポジウムで導き出された答えは、厳しい道のりでもとにかく前へ進まなければならないということだ。フェリスの読書運動は、孤独な取り組みではない。これだけ多くの方々が、活動の行方を見守ってくださっている。読書の未来を、ご来場者の方々と考えていかれることに、小さな光を見た気がした。

(読書運動プロジェクト現担当　図書館職員　鈴木明子)

ついては考え直さなければならないと思いました。

とにかく進むこと

二〇〇七年度は、全体としては盛り上がりに欠けましたが、それでも進んでいった年でした。が、一方で、運動の内容がルーチンワーク化してしまい、本当に効果的で必要なことかどうかを深く考えなかった面がありました。盛り上らなくてもそれにとらわれず前に進んでいったのは、いいことでもあります。特に読書運動では二〇〇五年から随想コンクール、創作コンクールをはじめとして、秋の読書週間に連動した「読書推進ポスター標語コンクール」や、本を読んだ感想を写真や絵や音楽で表現する「ザ・表現！」という楽しいコンクールなども開催してきました。応募数は多くないものの、常連の学生がいたり、読書運動科目の教員がクラス単位で参加してくれたりと、地味ながら少しずつ学内での認知度を上げています。利用者に、図書館ではいつも何かやっていると思ってもらうことが目的の一つでもあります。読書への動機づけはどんなものがきっかけになるかわかりません。文章を書くのが苦手でも、絵は得意かもしれない。音楽が好きかもしれない。あらゆる可能性を考慮し、いろいろなタイプの学生に本に親しんでもらいたいという思いが、人手が少なくなって業務がますます大変になっている図書館を動かしています。

それらの努力が思わぬところで実を結んだこともありました。それを強く感じたのは、二〇〇八年度です。

読プロとともに

読プロはとても素晴らしい活動だと思っていたから、私は担当者が羨ましかった。人と関わるのが好きで本が好きであったから、担当になったときは嬉しくて、がんばろうと思った。二〇〇五年に担当になった時は、図書館と学生と教員の間にはだいぶ温度差があった。信頼関係のないところでは何をしても成功するはずなどない。私は、まずは学生と仲よくなりたいと思った。二〇〇五年はほぼそれだけで終わってしまった。

二〇〇六年度は、テーマに選んだ宮沢賢治の人気も手伝って活動は活況を呈した。だが、二〇〇七年度テーマに児童文学を選んだところ、またしても活動は低調になってしまった。あさのあつこの『バッテリー』が女子大の読書活動にふわさしかったかどうか、それは大いに議論の余地のあることだが、それよりも何よりも、私の気分に学生が引きずられたという面が大きかったような気がしている。この年のテーマは、実は私にとっては大変苦手なジャンルだったのだ。

私は決められた仕事をただ淡々とこなした。学生は、ライトノベルや一般の小説とも境を曖昧にしはじめた児童文学の思わぬ難しさに攻めあぐね、自分たちで選んだテーマにも関わらずイベントに人が集まらないことに無力感を募らせ、士気がどんどん低下してしまった。

そのころの私は、自分自身の健康のトラブルや、どの職場にもあるおもしろくない空気に疲労し、読書運動を気にかけながらも己を鼓舞することができずにいた。私は自分に自信がない。人並みにできているか、もしや誰かに迷惑をかけていまいかと、そればかりを気にしている。己の影響力など考えたこともなかった。だから、学生メンバーの士気の上がらなさは、私の脱力が伝播しているのではないかと父に指摘された時には驚いた。

読書運動は、大変地味で厳しい活動である。本来一人でする読書を、皆でする意味が解らない人も多いにちがいなく、そんな人を読書会やイベントに引っ張り出すのは非常に難しいし、本に興味のない人に興味を持ってもらうのはさらに難しい。がんばって取り組んでいる学生ほど、疲れきり絶望してしまう。

　そんな遠大な野望を、学生だけで達成させようとするのは無理があるだろうと、父は言った。いつでも揺るぎない旗持ち、そこに行けば楽しい気持ちになれるような新しいヒントを与えてもらえるような存在にお前がならないかぎりその活動は活気づかないだろう、自分の影響力をよく考えろ、相手はまだ経験不足の学生だと。

　おどろき、そのときは納得もしなかった。私以外の誰かの方が、きっと上手くやれるに違いないと根拠なく思っていたし、学生が一介の大学職員を頼りにするとも思えなかったからだ。

　だが、二〇〇八年度になってみて、私は父の言葉の正しさを知った。テーマに選んだ安部公房は、私の大好きな作家だった。私はうきうきと読書会を提案し、企画にアドバイスを与えた。そうしたらなんと、学生がおもしろそうにしているではないか！

　父の言う通りだった。私は、自分が誰にも見られていない、つまらない存在ではないと知った。私は彼女らを勇気づけることができる。中には人生や家族や、その他の悩みを打ち明けに来る学生もいた。私は真剣に時間をかけて聞く。

　読プロは育ちあう組織だ。本を読むこと、語り合うこと、書くこと、朗読、読み聞かせ、それから、すべての表現。一人読書に耽溺することは楽しいが、一冊の本を皆で読み、それについて語り合うことで共感が生まれ、コミュニケーションもたやすくなる。感情の共有こそ住み良い社会を作り出す元だと思う。リーダーを勤めた学生は、一年過ぎたころには、皆驚くほど大人になっている。私の年齢になると若い学生のように目覚ましく何かを変えることは難しい。だが担当になって以来、ゆっくり時間をかけて私も進歩して来ていることを感じる。私にとって読書運動プロジェクトは、感情を分け合い、己を鍛える、実践的な学びの場である。

（読書運動プロジェクト現担当　図書館職員　鈴木明子）

二〇〇八年度は安部公房で

二〇〇八年度は安部公房の『壁』を一冊の本に「謎の世界に飛びこめば……」をテーマに動きました。前年度のあさのあつことはだいぶちがいます。私自身は実は一度も読んだことがなく、あまり気乗りがしなかったのですが、学生に決定の経緯を聞いてみると、前年度の児童文学は、簡単だからわざわざ読書会などに出る必要はないと思われてしまったようなので、今年は難しくても「文学」に取り組みたいと思ったと言うのです。それにしても、今なぜ安部公房なのかと問うと、ブームになっている『カラマーゾフの兄弟』や、『蟹工船』を読んでみたら、最初はとっつきにくかったけれどすごくおもしろかった。それで「文学」の本をテーマにしたくて、ミーティングで話し合っているときに、図

図 17　2008 年度（安部公房）のポスター

書館の人が、安部公房もおもしろいよ、短編もいろいろあるし、最初は読んでもわけがわからないはずだから、読書会も盛り上がると思うよ、とアドバイスしてくれたので、みんなで読んでみたら、好き嫌いがわかれたけど、たしかにおもしろかったからこれに決めたというのです。

しかも、私に何の相談もなく、四月の読書会「『壁』を読む」のポスターに、ナビゲーターとして私の名前が大書されているではないですか！「他の先生には四月は忙しくて頼めない(私も忙しいです)し、先生は図書館の館長だからやってもらえると思いました」と明るく言われ、読んだことないって言っているのに！と内心複雑な気持ちをかかえながら、必死で読みました。これは大仕事でした。読んでいると眠くなって、結局何十回も繰り返して読みました。ひさしぶりにしっかり勉強したというか、この年になっても新しい本との出会いがあったことは、とても意味のあることでした。学生メンバーに読書会の感想を聞くと、「ちょっと難しいけどおもしろい」という人や、「安部公房大好き」という学生も何人かいて、新鮮に感じました。

『壁』をはじめとする安部公房の小説には、「隔て」というものがとてもたくさん出てきます。『源氏物語』にも、「隔て」が各所にあらわれます。外側にある「隔て」のみならず、「内包された隔て」というものは、文学では非常に重要なキーワードです。読書会ではそういった話をしましたが、私の平安文学のゼミ生が安部公房を好きになってしまい、卒論は安部公房で書くと言い出したのにはまいりました。今現在大衆的人気がある作家ではありませんが、手ごたえのある作品を読むことを学生がおもしろがり、活発に、しかも手堅い活動を展開していく姿を見るにつけ、よく育ったものだとたのもしく感じました。

読書会には多くの教員の協力がありました。皆、ボランティアにもかかわらず、昼食時間をつぶしてのナビゲーター役をご快諾くださいました。特に日本文学科教授の佐藤裕子先生のご尽力には頭が下がりました。現学長の宮坂覺先生も積極的に読書会を支援してくださったお一人です。

講演会も充実していました。四月はテーマからはずれますが、本そのものに興味を持ってもらおうと、新潮社の若い女性をターゲットにした『ｙｏｍ ｙｏｍ』と言う新しい雑誌の編集長の木村由花さんをお招きして「編集者をめざす若い女性のために」というタイトルの講演をしていただきました。就職のためと言うよりは編集の仕事の面白さや、生まれたての原稿を受け取り真っ先に読む喜び、「本」という愛しいものへの熱い思いを語っていただきました。この方自身の生き方も素敵で、多くの学生は感銘を受けたようです。来場者数も一〇〇名前後とまずまずで、幸先よいスタートとなりました。

その次の講演会は年度のテーマそのもの「『壁』と安部公房の世界」です。これは東京外国語大学教授の柴田勝二先生にお願いしました。作品に対する客観的で緻密な分析が興味深いと好評でした。

大学祭の時には、この年から正式に読プロ別動隊「朗読チーム」「読み聞かせチーム」が発足したこともあって『ドラえもん』の「のび太」や『ヤッターマン』の「ドロンジョ」役で有名な、声優の小原乃梨子さんに来ていただきました。読書の話、声優という仕事の話、世の中の話、心あたたまるお話を色々して下さり、最後は宮沢賢治の『よだかの星』の朗読を聞かせて下さいました。二〇〇六年度前期の朗読会でも、女優の幸田弘子さんに、『よだかの星』を読んでいただきましたが、読み手によってずい分ちがった印象になるものだと思いました。この時も満員御礼に近い入場者で、サイン会も長蛇の列になりました。

朗読チーム、読み聞かせチーム結成！

二〇〇八年度の目玉はなんと言っても「朗読」「読み聞かせ」の二チームの活動開始です。以前から「朗読のレッスン」という授業はありましたし、単発での朗読会なども開催してはいましたが、学外での発表を前提として、本格的な練習をするチームというのはありませんでした。朗読は授業も担当されている鈴木千秋先生にお願いし、読み聞かせは外部の読み聞かせ団体で指導されている岩沢佳子さん（前期）、菊池彰子さん（後期）にお願いしました。練習はだいぶ厳しいようですが、メンバー募集のポスターを見て集まって来た学生たちは、「練習に必ず参加すること」という参加条件をきちんと守り、練習にはげんでいます。

発表の場としては、「読み聞かせ」は緑園東小学校の「はまっ子ふれあいスクール」や緑園なえば保育園で、朗読は横浜市読書フェスティバルのほか、市内の小学校から読書の時間に来て読んでくれないかと打診を受けています。

こんなことは本来の大学の図書館の仕事とかけはなれているかもしれません。が、読書の種をまくことをミッションとする読プロにとって、これから成長していく子供たちの読書習

図 18　保育園での読み聞かせのようす

慣づくりの手伝いをすることは、活動の根幹とも言えることです。種が芽を出すには長い時間がかかるかもしれませんが、私たちはあせらずに、投げ出さずに、じっくり活動していこうと思っています。

二〇〇八年度朗読チームに参加して

今回私は朗読初心者として、このプロジェクトに参加しました。活動を通して、私は朗読の楽しさを味わうことができました。そもそも私が朗読を始めたのは、今年度前期の鈴木先生の授業を履修したことがきっかけでした。それも人前で堂々と話す声と度胸を身につけたいという理由からでした。

しかし実際に朗読をしてみて、「朗読は演劇だ」ということに気がつきました。あらゆる登場人物の全てになりきり、声だけで彼らを観客に伝えなければなりません。それは想像以上に難しいものでした。他の学生の発表を聞いて「もっとこう読めばいいのに」と感じたはずが、いざ自分が読んでみると途端に棒読みになってしまうのです。その無力さが歯痒くて仕方がありませんでした。同時にもっとこの世界を知りたいという思いが強くなっていきました。そんな時このプロジェクトを知り、参加を決めたのです。

それまでは読プロについて、活動自体は知っていましたが大して関心はありませんでした。もともと読書は好きなのですが、読プロで具体的にどのように本を読みこんでいくのか想像できず、機会を逃してしまっていました。そのような初めての体験で不安もあったのですが、練習を通して朗読の魅力に引き込まれていきました。朗読の醍醐味とは、観客に耳で聴くだけで物語を理解させるところにあると思っています。そのためには作品を充分に読み込む必要があることに気付きました。今回扱った『家守綺譚』という作品は、主人公征四郎と他の登場人物とのやり取りが非常にコミカルに描かれています。観客に複数の登場人物の会話を伝えるために、一人一人話し方を使い分けなければいけません。声色で分けるというのではなく、登場人物の気持ちをそれぞれ言い分けなければなりません。表現の壁にぶつかったとき、決まって自分の作品理解が足りなかったことに気づくのです。どういった意図で登場人物はこのセリフを言っているのか、作品の伝えたいことは何なのか。朗読を通してその作品についてより深く考える機会を得ることができました。

　さらには今まで練習してきた成果を二回の舞台で披露し、観客の反応を感じられたことが何よりの刺激になりました。やはり観客あっての朗読であることを改めて思い知りました。

　朗読という活動によって作品をより深く理解する機会が得られたことは私にとって非常にいい経験になりました。今後も読プロを通して読書の世界を広げていきたいと考えています。

（二〇〇八年度朗読チーム参加　日本文学科　中村容子）

FERRIS Reading Project

読み聞かせの楽しさ

「読書運動プロジェクト」。その存在は入学当初から知っていました。しかしそのときはまだただ単にその名前を知っているに過ぎませんでした。そんな私がこの運動に加わっていったきっかけが、「読書からの発信」という読み聞かせの授業でした。

以前から子どもが大好きで、絵本にもとても興味があった私は、特に読プロの関連科目だとは知らずに、こういう分野が学びたいというのもあり、また純粋に子どもと絵本という魅力に惹かれ履修しました。読み聞かせ自体も前から興味はあったのですが、この授業で幼いころに読んだ懐かしい絵本や、海外の絵本、古典といわれる人気の絵本などたくさんの絵本に出会い、またそんな絵本に囲まれて本当にうれしかったのと同時に、実際に先生に教わったり、保育園での実習をすることで、そのおもしろさにどんどん引き込まれていきました。そしてこの翌年、この読プロの活動の一環として読み聞かせのチームを結成することを知りました。このポスターを見た瞬間に参加したいと心から思ったのですが、運悪く他の授業と練習日が重なってしまい参加することが出来ませんでした。もっと早くにこのチームのことを知っていたら……そんな気持ちでいっぱいでしたが、一方で読み聞かせチームへの憧れのようなものがより一層強くなりました。

後期に入り、また新たにチームが結成されることを知ると、私は迷うことなく参加の申し込みに行きました。練習会が始まり、はじめは先生の読み聞かせに感動し心を奪われ、次に同じメンバーの自分の持っていない読みの表現に引き込まれ、回を重ねていくうちにどんどんうまくなっていくメンバーにただただ感激しました。この空間がすごく幸せで、人が読んでいるときも自分が読んでいるときも、楽しくてしょうがなくて、きっと私の顔は始終笑顔だったに違いありません。更にこの運動での大きな魅力は実践の場が与えられていることだと思います。

読み聞かせは聞いてくれる人がいて初めて成り立ちます。実際に多くの子どもたちの前で行ったお話し会での発表は、練習の時とは違う楽しさを味わうことができました。目の前の子どもたちが私の方をキラキラした瞳で見て、真剣な顔や悲しそうな顔、ほっとした顔そして笑顔になるのを自分の目で見て、肌で感じることができて、とても幸せな気持ちになりました。

読プロは私たちにいろんな場を与えてくれました。自分のやりたいことができる、実現するのは本当にすごいことだと思います。私もまさか自分のやりたいことがこんな形で実現されていくなんて思ってもみませんでした。

また、この読プロの授業やイベントを通してたくさんの出会いもありました。私はこの出会いがきっかけで新たに挑戦できたこともあります。読プロの名前だけを知っているころの私は、自分に興味のないテーマだからと大して気にも留めていませんでしたが、今ではこの運動に参加できて貴重な体験ができ本当にうれしく思っています。

消極的だった私が進んで取り組もうと思えたのも、それだけその内容が魅力的だったからだと思います。本や人との素敵な出会いをくれる読プロに恵まれたことを感謝すると同時に、より多くの人に、もっと読プロについて知ってもらいたいです。そしていろんな学生がさまざまな企画を提案し、より充実した読書運動が展開できればと思います。そうなればきっと大学での本との出会いが今までよりももっとすてきなものになるのではないでしょうか。

（二〇〇八年度読み聞かせチーム参加　英文学科　小島慧）

学生メンバーも頭を悩ませていたようです。

物質としての本

とにかく本に親しんでもらいたい、そのためにはどうしたらいいか。学生メンバーも頭を悩ませていたようです。

講演会や読書会、朗読会などは確かにおもしろくためになるが、イベントとしては少しマンネリ化してきました。本そのものがどうやってできているかを知っている人は、自分たちも含めて多くはないだろう、それならば「物としての本」の魅力を味わえるイベントはどうだろうという意見がミーティングで出たそうです。たまたま図書館の読プロ担当スタッフが製本方法を知っていたので、彼女を講師に「楽しい製本講座――文庫本がハードカバーに大変身!」という新しい企画を夏休みに実施しました。親子連れの参加を見込んで市内公共図書館や小学校にダイレクトメールを発送し、図書館内の教員院生閲覧室という広い部屋で行いました。これは一日仕事で、下準備も大変です。布に和紙で裏打ちするところから始まり、見返し用紙や表紙にするボール紙を切ったり、図書館スタッフの指導のもと、学生メンバー総出で準備しました。製本は作業が煩瑣なので、講師一人で大勢の参加者に教えきれるものではありません。そこで、学生メンバーは当日までに何度も図書館に集まって講師に負けないほどの腕前になるまで練習を重ねました。文庫本の表紙をバリバリとはがすところからはじめますが、持って来たお気に入りの本をドキドキしながらいったん壊し、いくつもの手順を経て立派なハードカバーの本に仕上がったときは、苦労も吹き飛ぶような感動を覚えたと、彼女らは言っています。このイベントは夏休み中に二回しました。途中で飽きてしまう子どももおらず、出来上がった本を両手に持ってスゴイ！　と叫んでいる姿がほほえましかったと報告書に書いています。

このときも関連展示をしています。図書館が所蔵する貴重書の中から装丁の美しいものや綴じ方の珍しいものなどを集め、飾りました。これは立ち寄る人が多かったですね。洋書、和書取り混ぜての展示は見た目も華やかできれいでした。

そして、今度は和綴じの体験もしてみよう、和綴じはハードカバーほど難しくないので自分たちでも教えられるはずだから大学祭のときにやろうと、学生メンバーはまた動き始めました。担当スタッフに方法を教わり、材料を準備し、彼女らが中心となって来場者に指導しました。「大学祭のチラシを見て、ぜひ和綴じ本を作りたくて来た、といっていた人がいた」とうれしそうに報告してくれました。

大学のカリキュラムとの連携

学生提案型授業、「私たちが学びたいこと」は、全学の学生から広く提案を受けいれますが、二〇〇五年度からは、「読書運動科目」がスタートしました。これは単位認定される正規の授業で、「読書からの発信」「今年の一冊」「読書とメディア」があります。「読書からの発信」は開講当時より朗読や読み聞かせを取り上げて来ましたが、希望者が多く、今年度チームとして立ち上がったのは、先に述べたとおりです。

今年は、早稲田大学で永年群読や朗読の持つ力について実践的に研究してこられた私の古い友人の金井景子さんに「ドラマティカル・リーディング」という授業を開講していただきました。発表会は七月一二日に早稲田大学で行いました。早大で金井さんの「授業に生かす朗読講座」の授業を取っている学生との合同公演でした。フェリスの学生は恥をかかないようにと授業以外に自主的な練習をしていったそうです。二〇〇八年度の読書運動科目であることを意識して、演目の一つに安部公房『プルートーのわな』を取り上げてくれました。この公演は、本学の学生が出演した部分だけは、本学でも公開授業の形で披露してくれました。私は早大での本公演はどうしても都合がつかなかったので、公開授業の方を聴いたのですが、読書運動科目として、前期で終了してしまうのが残念なほどの完成度で、いろいろな音色の声を聞くのがあれほど面白いものとは思ってもみませんでした。

もう一つの読書運動科目「読書とメディア」は朝日新聞の前編集委員の由里幸子さんにお願いした「女性の文学とメディア」です。明治以降の近代文学で女性作家と女性読者との関係から、文学メディア、女性たちの自意識の変化を探っていく授業でした。いわゆる大学の教員ではなく、それぞれの現場で読書を支えている人は大勢います。報道出版業界しかり、図書館しかり、書店しかり。本当に優れた読書のナビゲーターの一人である由里さんの授業は、厳しいけれど面白いと学生に評判でした。

その他にもこの年は手軽に参加できて効果的なイベントはないかと考えて、ポップコンテストを開催しました。それまでも読プロの学生メンバーがぽつぽつと作ってはいましたが、「私たちの今を読むコーナー」を書店の店頭みたいににぎやかにすれば本を手に取りたくなるのではないか、だが、メンバーだけではとてもポップ描きが間に合わない。ならばいっそのことコンテストにして全学の学生にお勧めの本を紹介してもらおうと言うことになったのです。これは、新任の英文学科教授で読書推進に関心をお持ちの向井秀忠先生がクラス単位で取り組んで下さり、展示コーナーは大変にぎやかになりました。二〇〇七年度のところでも触れましたが、ポップをつけた本は本当によく借りられます。同じ大学生が勧める本、手書きの迫力が伝わるのだろうと思います。学生の間で読書体験の共有が起こっているのはいいことです。こういった読みの環境の仕掛けを作っていくのも、これからの図書館には重要なことかもしれません。

読書の危機の中で

二〇〇八年度は外部からの講演依頼の多い年でもありました。この年は源氏物語千年紀でもあり、私は源氏物語が専門ですから講演にシンポジウムにと本当に忙しかったのですが、その合間をぬって、二か所ほど読プロについて講演してきました。金城学院大学の

ＦＤのシンポジウム、北海道の藤女子大学で行われた「北海道地区私立大学図書館協議会二〇〇八年度第一回業務研修会大学図書館研修会」です。金城学院大学では大学の教員と図書館職員の大多数が質問や意見を述べてくれ、その意欲に圧倒されましたし、藤女子大学からは本の貸出率では本学を超えたという報告がありました。筑波大学で行われた「平成二〇年度茨城県図書館協会大学図書館部会研修会・行列のできる図書館の作り方――学生の図書館利用促進、学習支援を考える」では、図書館の読書運動担当の職員が出向き報告をしてきました。金城学院大学ではその年の内に読書運動が立ち上がり、選書ツアーなどの活動が始まったとうかがいました。これらの交流と情報交換によってフェリスで種を播いてきたことが少しづつ芽ぶいてきたのかもしれないと感じられるようになりました。

読書運動をはじめてからの八年間は、「読書」というものの枠が大きく崩れてきた時代ではなかったかと思います。この読書に対する危機感は、どこの図書館でも感じていたことでしょう。私は大学教育の現場にあって「教養とは」「読書とは」といつも考え続けていました。本を読む技術や習慣が、家庭や学校や社会の中から失われていく状況の中で、危機感をつのらせた人はたくさんいるはずです。急激にデジタル化が進むこの時代にあって、コンピュータの便利さ、有用さを否定するつもりは毛頭ありませんし、読書の衰退は世の中のデジタル化だけが原因だとも思いません。が、切りかえ不可能なものがあるのも事実です。その筆頭が読書だろうと私は思うのです。読書を生きているものとして伝えていくにはどうしたら良いか。読書は計量できません。何冊読んだかより、どう読んだかが重要です。本学の読書運動も、これだけがんばっているというのに、貸出冊数大躍進と胸をはって言えるほどの数値的結果は出ていません。ではこの活動は無意味であったのか。そんなことはないのです。

この活動がなければ貸出冊数はぐんと落ち、図書館は閑散としていたかもしれない、気に入りの本と出逢うことなく卒業していく学生が今より多かったかもしれない。本の世界の豊かさを大事にしていく運動にフェリスが率先して取り組んでいること、学内においても教職員が「読書運動のフェリス」を一つの誇りとしてくれたこと、学生たちが、フェリスで本が読めることを一つの喜びとしてくれたことは、大変意義深いことだと思います。

前年度のシンポジウムのときには読書について大変悲観的な話にもなりましたが、本の未来について考え、何かしようと思い、あるいはすでに活動をはじめている人たちがけっして少なくはないということを確認できただけでも、この運動は無駄ではなかったと思うのです。

読書は数値に還元できない。読書には夢があってほしい。感激があってほしい。伝わることの喜びがあってほしいと願いつつ運動を続けてきました。この運動にたずさわった学生が、活動の中でどれだけ成長したか、達成感を持てたかが大切だと思います。学生が目標を持って前向きに取り組んでいる姿は大学全体に対して少なからぬ良い影響を与えたこと、そこが重要だと私は考えています。

他大学へ広がる読書運動

本学図書館の読書運動プロジェクトが文部科学省の「特色ある大学教育支援プログラム」に採択されたときは、こうした活動はまだまだ珍しいものでした。が、今ではさまざまな大学が形は違えども読書に対する取り組みを行っています。そんな中、前年度、本学の読書シンポジウムにお招きした、津野海太郎さんのいらっしゃる和光大学にて二〇〇八年一二月に「トークライブ・きっかけは一冊の本――本と学生と図書館と」という催しが開催されました。本学読プロもご招待いただいたので、私と学生メンバーと、図書館の読プロの副担当者と行ってきました。内容は和光大学発行の『トークライブ報告集』に詳しく載っています。従来から独自の製本講座や地域図書館との本の相互貸借など、魅力的なプロジェクトをしていた和光大学は、津野海太郎前図書館長の号令のもと、二〇〇八年から画期的な図書館改革に取り組み、多彩な活躍を見せてくれました。そのもともとのきっかけは、昨年度本学で開催した「読書シンポジウム」で、フェリスのような読書への働きかけなら小規模大学でもできるのではないかと考えられたからだとお聞きしました。

手だれの名編集者で、読書論への言及も多い津野さんのことですから、運動の組織のしかたや仕掛けが洗練されていて、学ぶべきことの多いシンポジウムでした。和光大学では読書運動のグッズをたくさん開発されていて、図書館は洒落た雰囲気を醸し出していました。また、本を買いに行くツアーでは本に対する愛着を語り、その上でその本をどう見せるかの工夫を競い、読後の感想をもらって還元していくという努力がなされていました。読書運動のためのスペースも広い場所が確保され、図書館員との交流が密であることがうかがえます。さらには教員が勧める一冊の本を集めたエッセイ集が二冊も刊行されていたのです。

この意欲と実行力に舌を巻きつつ、一緒に苦労を語り、喜びを語ってきました。こういうふうに他大学でも読書推進活動をしているということは、学生たちにとっても私たち教員や図書館のスタッフにとっても心強いものがありました。何より図書館員の前向きな姿勢と手厚い援助が印象的でした。

フェリスの学生たちも大いに刺激され、和光大学から戻ってからは、学生の側から、こんなこともしたい、あんなこともしたいという提案が増え、生き生きしてきました。多分和光大学でも同じように感じたのではないでしょうか。これをきっかけに、本学のみが孤独に展開しているとばかり思っていた、いたずらな悲壮感や責任感から解放されて、ずっと伸びやかに運動を続けていくことができるようになった気がします。こうした交流会の大切さを思い知らされた一日でした。

これらの交流と情報交換によってフェリスで種を播いてきたことが少しずつ芽吹いてきたのかもしれないと感じられたのは幸せでした。

フェリスでやってきたことは、成功例ばかりでなく、むしろ、この本でご覧いただいたように失敗例も多かったのですが、めげず、臆せず、アイディアを出し続け、実行してきました。その地を這うような努力の持続そのものが、フェリス自身を変え、地域を変え、大学図書館のありかたを変えようとしている感触があります。

最後のイベント

二〇〇八年度末をもって、本学の「特色ある大学教育支援プログラム」の採択期間は終わります。一二月初旬には和光大学へ行き、中旬には「朗読のレッスン」の公開授業もありました。この年開催した読書会は計六回、新しい企画にも取り組み、外部へ朗読や読み聞かせにも出かけ、本当によく動きました。最後のイベントとなったのは、一月一九日の「源氏物語千年紀——朗読・レクチャーコンサート」です。ピアニスト兼指揮者の石川星太郎さんに演奏をお願いし、朗読チームの学生が『源氏物語』の中から「初音」を朗読し、私がミニレクチャーをするというお正月らしい華やかな会になりました。

二〇〇九年度は谷川俊太郎の『二〇億光年の孤独』を「フェリスの一冊の本」に、「詩と絵本——音楽・朗読」をテーマにすることも決まっており、谷川さんご自身の講演会の準備も着々と進んでいるとはいえ、ここで一区切りと思うと感慨もひとしおです。

おわりに

本学の読書運動プロジェクトは、いろいろな試みに取り組んできましたが、活動の記録を見ても、やや手を広げ過ぎだとずっと感じていました。特色ある大学教育支援プログラムの採択期間も終わり、予算規模を縮小しなければならない今こそ、小規模で、しかし、有効なしかけは何なのか改めて問い直してみるときなのでしょう。学生が参加することに喜びと手ごたえを感じることができるプロジェクトに絞って、運動を始めた時と同じように謙虚に、しっかりと足を踏みしめながら志を持続していきたいと願っています。

これからも困難な歩みを続けていくフェリス女学院大学附属図書館にご支援とご理解をいただけますよう、祈っております。

あとがき

こんな徒労に近いことをなぜやっているのだろうと、疲労し、絶望しながら、それでも乗り越えてきたことを思うと、不思議な感じさえする。辛抱強く無謀な試みを担い続けた図書館の方々と、意欲的に運動を進めてくれた学生たち、運動を理解し、支え、読書会の指導などに無償で参加してくれた教職員に深い感謝を捧げたい。

読書運動を始めて七年。やってきたことをこうして書き連ねてみると、何とまあ行きつ戻りつ、同じような過ちを重ねてきたものと思わずにいられない。目覚ましい成長というよりも、愚かな試行錯誤を繰り返しながら、じりじりと蝸牛のように前進してきた気配がある。

本学の読書運動は大学における読書運動の先駆的な試みとして、特色ＧＰにも選ばれたけれど、そのような選定を受けたからやったというよりも、自発的な大学改革の試みとして出発し、その活動を全学的に展開していったという意味で、独自だったし、自分たちの運動として自負と誇りがあった。その持続への志はおそらくこれから特色ＧＰが終わってからも、変わらず維持されると思われる。それほど、本学では読書運動そのものが、お役所的なプログラムを超えて根付いてきているのである。

その成果を生かし、これからは、蓄えてきたノウハウをどう活用し、共通の「知」としていくかが問題であろう。この本の刊行もそれを目的としている。初めはフェリスのみの孤独な試みと思われたが、読書運動を独自に展開する大学も増えてきたようで、相互交流によって、互いに得るところも多くなるのではないだろうか。

とくに本文にも触れたように和光大学とは学生同士の交流も含めて、お互いにノウハウを交換し、それぞれの読書運動を披露しあい、その長短を自覚する貴重な交流会を持つことができた。交流会の後、学生からの積極的な提案が増えたこともうれしい結果だった。これからは、フェリスだけの単独行動ではなく、大学同士の交流が必要だと思われた。お互いに励まし合い、批評し合うことで見えてくるものは多いはずだ。

また読み聞かせや朗読などのイベントに参加する機会も多くなってきた。地域の中で大学が果たす役割を考えながら、さらに読書のネットワークを作っていきたいと思っている。

最後に、読書運動プロジェクトに関わった図書館の加藤庸子事務室長を始め、終始縁の下で力を尽してくれた、鈴木明子さん、池内有為さん、中村隆さん、長尾典子さんに改めて感謝を捧げます。単なる職務を越えた読書への熱い思いが運動を支え、導く原動力となりました。

（附属図書館長　三田村雅子）

二〇〇九年三月

巻末資料——読書プロジェクトのポスターとちらし

2005　読書運動プロジェクトポスター

2006　読書運動プロジェクトポスター

2007　読書運動プロジェクトポスター

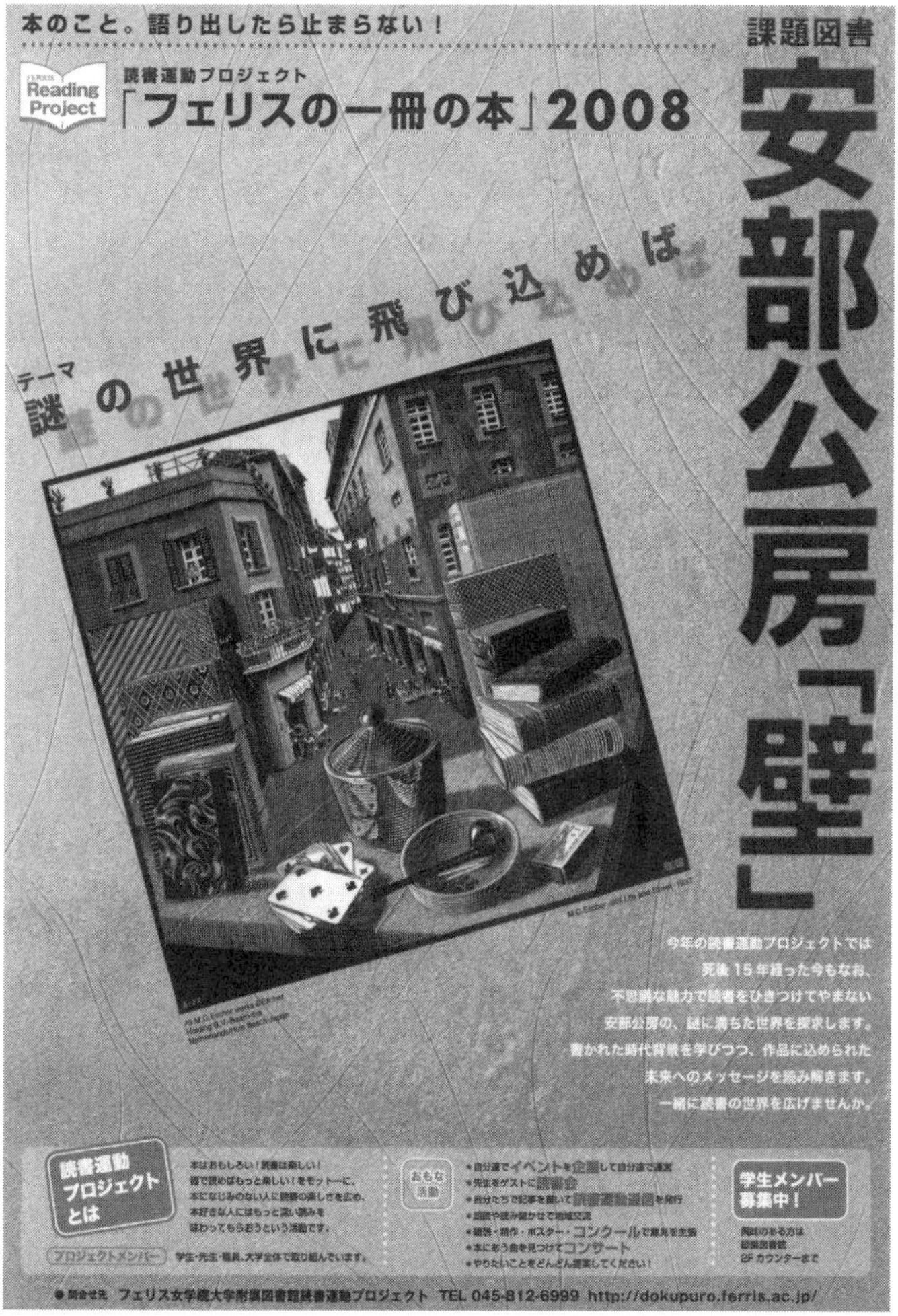

2008　読書運動プロジェクトポスター

読書運動プロジェクトメンバー募集のチラシ

巻末資料

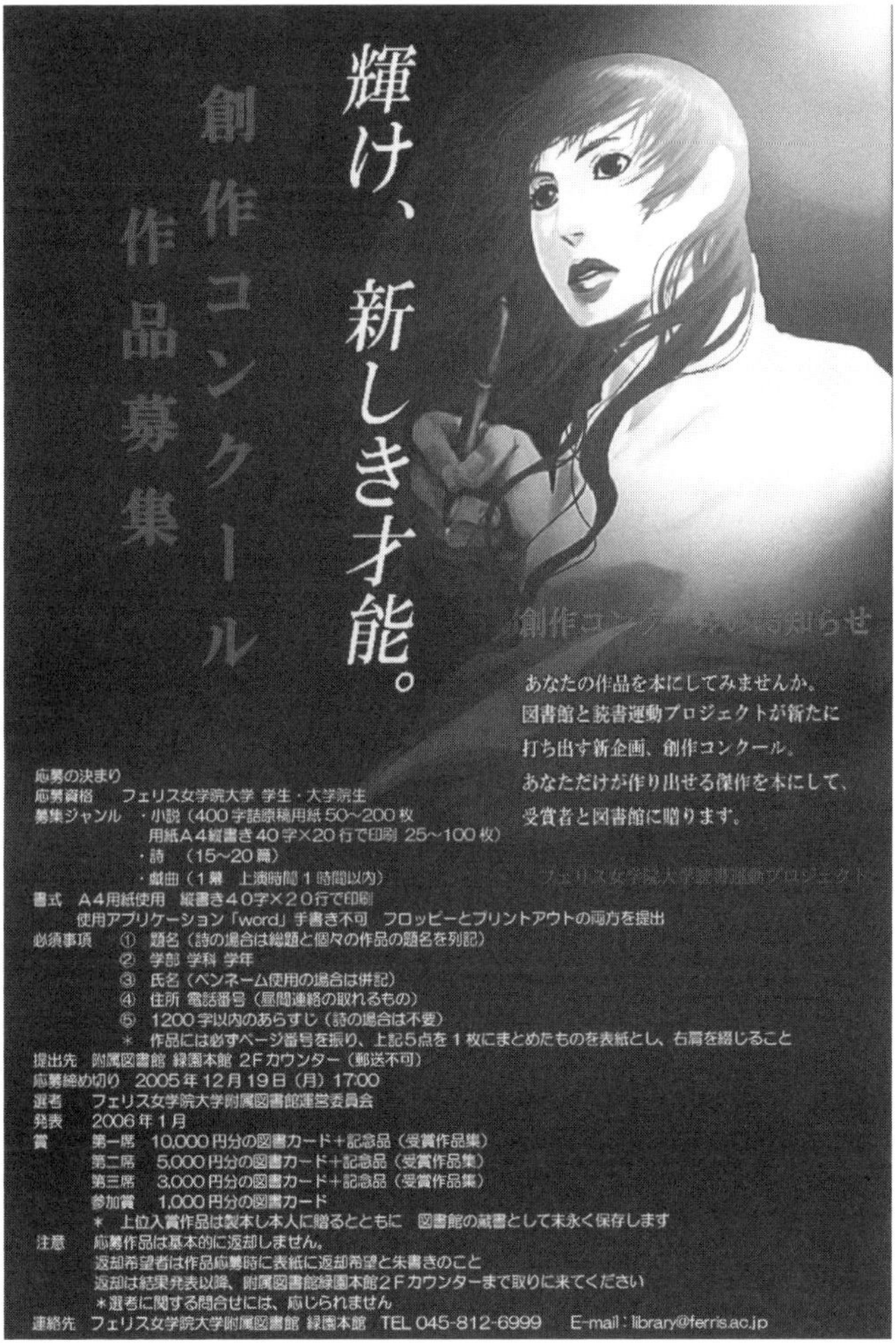

創作コンクール作品募集のチラシ

フェリス女学院大学附属図書館　読書運動プロジェクト
宮沢賢治 ～イーハトーブの迷宮をぬけて～
第二回 読書会
～『銀河鉄道の夜』を読む～
日時＊5月16日（火）・23日（火）12:20～
場所＊緑園図書館4F読書運動
プロジェクトミーティングルーム
対象＊本学学生，院生，科目等履修生，オープンカレッジ生
◆ 当日会場内のみ昼食持込可。
安藤公美先生を囲んで楽しくお話しましょう。

第２回読書会のチラシ

フェリス女学院大学附属図書館　読書運動プロジェクト
第三回読書会
「セロ弾きのゴーシュ」
「オツベルと象」を読む
日時：6月13日（火）・20日（火）12:20～
場所：緑園図書館4F
読書運動プロジェクトミーティングルーム
対象：本学学生、院生
科目等履修生、オープンカレッジ生
＊　当日会場内のみ昼食持込可。
佐藤裕子先生を囲んで楽しくお話しましょう。

第３回読書会のチラシ

いま、図書館に求められるもの
フェリス女学院大学の挑戦 1
——読書を通して学びを見つける

発行　二〇〇九年三月三一日　初版一刷
定価　一八〇〇円＋税
著者　©フェリス女学院大学附属図書館
〒二四五―八六五一
神奈川県横浜市泉区緑園四―五―三
Tel. 045-812-6999 Fax. 045-812-9772
発行者　松本功
組版者　内山彰議（4&4, 2）
印刷・製本所　株式会社シナノ
発行所　株式会社ひつじ書房
〒一一二―〇〇一一
東京都文京区千石二―一―二 大和ビル二階
Tel. 03-5319-4916 Fax. 03-5319-4917
郵便振替 00120-8-142852
toiawase@hituzi.co.jp http://www.hituzi.co.jp/

ISBN978-4-89476-433-0 C0000

未発選書 13

「女ことば」はつくられる

中村桃子著　定価二八〇〇円＋税

未発選書 14

芸能の〈伝承現場〉論—若者たちの民俗的学びの共同体

大石泰夫著　定価三四〇〇円＋税

未発選書 15

昭和十年前後の太宰治—〈青年〉・メディア・テクスト

松本和也著　定価二八〇〇円＋税